DAS IST
FRANKEN

Burgen. Weine. Dunkelwälder.

Blick über Würzburg

Horst-Dieter Radke

DAS IST
FRANKEN

Burgen. Weine. Dunkelwälder.

REGIONALIA

Horst-Dieter Radke: Das ist Franken
Copyright © 2016 Regionalia Verlag GmbH, Rheinbach
Alle Rechte vorbehalten

Einbandgestaltung, Lektorat, Korrektorat, Layout und Satz:
Handverlesen GbR, Bonn

Coverfotos: Horst-Dieter Radke
Printed in Bosnia and Herzegovina

ISBN 978-3-95540-234-1

www.regionalia-verlag.de

Inhalt

Schloss Johannisburg, Aschaffenburg

Das ist Franken, liebe Leser und Leserinnen, möchte die Region Franken nicht im üblichen Sinne vorstellen, gegliedert nach Landschaften oder Bezirken, sondern thematisch fassen. Jedes Kapitel greift ein Thema auf, das für viele Orte in Franken bedeutsam ist. Das ließ sich nicht ganz durchhalten – die Rhöner Moore finden sich nur in der Rhön, die Altmühl-Seen nur dort, wo die Altmühl fließt –, aber doch weitgehend.

Ziel ist und Freude beim Schreiben war es zu zeigen, wie vielfältig Franken ist. Es mag sein, dass bestimmte Aspekte, die der fränkischen Leserschaft lieb sind, nicht erwähnt wurden, aber ich kam um ein Auswählen nicht umhin, gerade deshalb, weil die Region so immens viel bietet.

Dieses Buch soll Ihnen helfen, Franken zu entdecken. Dass Sie dabei selbst noch manchen Schatz heben, den ich Ihnen im Buch vorenthalten habe, kann da nur positiv ins Gewicht fallen.

Das ist Franken wurde zum einen für diejenigen geschrieben, die ihren Urlaub in Franken verbringen möchten, nicht zur punktgenauen Urlaubsplanung, sondern als Anregung, die Region kreativ zu entdecken. Es richtet sich aber zum anderen auch an diejenigen, die in der Region wohnen und sie kennen – um das zu finden, was schon immer gefunden werden wollte.

Horst-Dieter Radke

Die Teufelshöhle mit dem Bären

Auch unterirdisch ist Franken sehenswert

Im Landkreis Bayreuth liegt Pottenstein, das sich rühmt, in der Gegend mit der weltweit höchsten Brauereidichte angesiedelt zu sein. Unser erstes Ziel ist aber keine Brauerei, sondern die Teufelshöhle bei Pottenstein. Schon vom Parkplatz aus ist die gewaltige Felsgrotte zu sehen, die den Eingang zur Höhle bildet und eine der größten Deutschlands darstellt.

Die Teufelshöhle ist ganzjährig geöffnet; Führungen, die etwa eine Dreiviertelstunde in Anspruch nehmen, finden laufend statt. Neben dem Skelett eines Höhlenbären beeindruckt dabei besonders der Barbarossadom, eine 45 Meter lange, 18 Meter breite und 15 Meter hohe Höhle, in der Skelettreste von rund achtzig Bären gefunden wurden. Sie haben vor gut 30 000 Jahren dort gelebt. Ende der 1950er Jahre wurde das heute zu bestaunende Skelett aus Einzelteilen zusammengesetzt und in der Höhle aufgestellt.

Nicht zu Unrecht gilt diese begehbare Tropfsteinhöhle als eine der schönsten Deutschlands. Man sollte allerdings gut zu Fuß sein, denn es geht dort auf und ab. Mehrere Hallen sind durch stollenartige Gänge miteinander verbunden, wobei einige hundert Stufen dabei zu bewältigen und etwa 800 bis 1 500 Meter zurückzulegen sind. Das ist die Hälfte der gesamten Höhlenlänge. Die konstanten 9° Celsius sind dabei im Sommer eine erwünschte Abkühlung. Im Winter könnten sie sogar, verglichen mit der Außentemperatur, eine Aufwärmung bedeuten.

Die Felsgrotte war schon lange unter dem Namen »Teufelsloch« bekannt; im Jahr 1922 durchbrach jedoch ein Geologe den Versturz im hinteren Teil und entdeckte so die Höhle selbst. Bereits im folgenden Jahr konnten erste Teile begehbar gemacht werden. Offiziell wurde die Teufelshöhle im Jahr 1931 für Besucher freigegeben.

Nicht nur an Höhlenführungen kann man dort teilnehmen, auch Kultur – für Erwachsene und Kinder – wird geboten. Die

Eingangsgrotte ist durch ihre Akustik und Temperaturbeständigkeit gut dafür geeignet. Wer für seine Gesundheit etwas tun möchte, kann dort in einem Seitenstollen, einer Klimahöhle, eine Speläotherapie bekommen. Diese Atemwegstherapie wird als Liegekur angeboten. Das Höhlensystem ist weit verzweigt und erstreckt sich über drei Stockwerke, durch die auch der Besucherweg führt. Die verschiedenen Tropfsteingebilde – Stalaktiten und Stalagmiten – sind in beeindruckenden Formationen zu finden, von denen viele inzwischen klangvolle Namen wie »Papstkrone«, »Riese Goliath«, »Barbarossabart« oder »Baum« bekommen haben.

Das Skelett eines Höhlenbären beeindruckt Jung und Alt.

9

Das Tageslicht am Ende der Höhle lädt zu weiteren Wanderungen in der Umgebung ein.

Nach dem Besuch der Teufelshöhle bieten sich Wanderungen in der Umgebung an. Wer Kultur und Gesellschaft vorzieht, findet im nahen Pottenstein Gelegenheit zur Einkehr – der Ort hat drei Brauereien, von denen zwei noch selbst Bier brauen – und zur Besichtigung des reizvollen fränkischen Stadtbildes. Auch die Burg Pottenstein, Aufenthaltsort der heiligen Elisabeth von Thüringen im Jahr 1228, lohnt einen Besuch. Nicht weit vom Ort ist das Felsenbad Pottenstein zu finden, gegenüber eine Sommerrodelbahn. Kein Grund also, die Gegend um Pottenstein voreilig zu verlassen.

Höhlen in der Fränkischen Schweiz

Auf der Fahrt nach Pottenstein kann man schon die Karstlandschaft der Fränkischen Schweiz bewundern. Kalk- oder Dolomitfelsen ragen plötzlich aus dem Wald oder hinter einem Dorf auf. Auf manche sind Burgen oder Häuser gebaut worden. Zweigt man vom Weg ab, gerät man leicht in tief eingeschnittene Flusstäler oder auf Hochflächen. Fossilien, die sich auch heute noch leicht finden lassen, zeugen davon, dass vor gut 150 Millionen Jahren dieses Gebiet von einem Meer überflutet war.

Mehr als tausend Höhlen soll es in diesem Bereich geben. Da Kalk und Dolomit säurelöslich sind, wurden diese Höhlensysteme über die Jahrmillionen in die Felsen gefressen. Besichtigen kann man zwar nur die allerwenigsten davon; neben der Teufelshöhle sind jedoch die Binghöhle bei Streitberg und die Sophienhöhle im Ahorntal auf alle Fälle einen Besuch wert.

Entdeckt wurde die Binghöhle 1905 – bereits ein Jahr darauf wurde sie begehbar gemacht. Hervorzuheben ist die Tropfsteingalerie, die zu den schönsten Deutschlands zählt. In ihr sind aber nicht nur die Tropfsteingebilde zu finden, sondern auch Fossilien, die davon zeugen, dass es sich ursprünglich um Meeresgestein handelte.

Nördlich von Pottenstein, unweit der Burg Rabenstein, liegt die Sophienhöhle. Unterhalb davon gibt es einen Parkplatz, von dem aus man über einen steilen Aufstieg zur Burg gelangt. Weniger schweißtreibend ist, das Auto auf dem Parkplatz bei der Burg Rabenstein abzustellen; der Weg zur Höhle ist dann zwar länger – 650 Meter –, aber auch bequemer.

Die Bezeichnung »Sophienhöhle« ist zwar üblich, aber nicht ganz korrekt, denn es handelt sich in Wirklichkeit um einen Komplex, der aus insgesamt vier Höhlen besteht: der eigentlichen Sophienhöhle, dem Ahornloch, der Klaussstein- und der Höschhöhle, von denen die ersten drei begangen werden können. Die Sophienhöhle wurde 1833 bei Grabungen entdeckt und ein Jahr später als Schauhöhle geöffnet. Obwohl auch in anderen Höhlen oft Tiere Unterschlupf suchen – in der Teufelshöhle beispielsweise Fledermäuse –, weist diese hier als Besonderheit eine vielgestaltige Fauna auf. Sie zählt zu den artenreichsten Höhlen der Fränkischen Alb; unter ihren Bewohnern sind insbesondere Spinnen und Insekten zu nennen, von denen die meisten sich allerdings nur zeitweise in der Höhle aufhalten. Es gibt aber auch Troglobionten, echte Höhlentiere, die ihr ganzes Leben dort verbringen. In der Sophienhöhle sind

Karstfelsen überragen manches Dorf.

dies ein mikroskopisch kleiner Krebs und ein pigmentloser Strudelwurm.

Wer mehr Höhlen sehen möchte, muss die Fränkische Schweiz nicht verlassen. In der Nähe von Pottenstein sind beispielsweise noch die Esperhöhle bei Gössweinstein oder die Ludwigshöhle im Ailsbachtal zu nennen. Eine der tiefsten Höhlen in der Fränkischen Schweiz ist ebenfalls bei Gössweinstein zu finden: die Fellner-Doline, die aber nur erfahrenen Höhlenforschern zugänglich ist.

Auf die Wandermöglichkeiten in der Fränkischen Schweiz wurde schon kurz bei der Vorstellung der Teufelshöhle hingewiesen. Auf das umfangreiche Wegenetz in diesem Gebiet kann in diesem Buch nicht angemessen eingegangen werden, einer der wichtigsten Fernwanderwege Bayerns sei aber dennoch als Anregung erwähnt: der Frankenweg.
Seine 520 Kilometer erstrecken sich von der Grenze Thüringens bis nach Schwaben. Der

Das Innere der Binghöhle, entdeckt 1905.

13

Sehr eindrucksvolle Tropfsteingebilde sind auch in der Sophienhöhle zu sehen – hier das sogenannte Elefantenohr.

Frankenweg führt durch den Frankenwald, das obere Maintal/Coburger Land, die Frankenalb, die Fränkische Schweiz, den Naturpark Altmühltal und das Fränkische Seenland. Schöner und abwechslungsreicher kann man es sich als Wanderer kaum wünschen. Wer nicht den ganzen Weg marschieren will, kann sich den vierten Teil der Strecke herauspicken. Dieser führt von Heiligenstadt aus der Frankenalb heraus durch die Fränkische Schweiz, über Muggendorf, Gössweinstein, Pottenstein bis Egloffstein.

Die Eberstadter Tropfsteinhöhle

Interessant ist auch noch die südlich von Würzburg gelegene Eberstadter Tropfsteinhöhle bei Seckach.

Sie wurde erst 1971 zufällig bei Sprengarbeiten in einem Muschelkalksteinbruch entdeckt. Seit 1974 ist sie für den Publikumsverkehr geöffnet. Ihre späte Entdeckung und die ausschließliche Nutzung von elektrischem Licht dort haben dafür gesorgt, dass keine Tropfsteine durch Fackeln oder Kerzen eingeschwärzt wurden. Die Tropfsteinelemente sind deshalb weitgehend in ihrer ursprünglichen kalkweißen Farbe erhalten.

Die Höhle besteht aus einem langen, schlauchartigen Gang, der mehrmals abknickt. Er ist zwischen 2 und 7 Meter breit. Die Höhe beträgt an manchen Stellen bis zu 9 Meter; nur das Ende ist so verengt und niedrig, dass es nicht mehr begangen werden kann. Es gibt also keinen Rundweg, sondern man muss die absolvierte Strecke zurückgehen. Die Temperatur in der Höhle beträgt ganzjährig zwischen 9° und 11° Celsius, bei einer Luftfeuchtigkeit von 95 %.

Zwei weitere Höhlen sind in dieser Gegend zu finden: die Hohle-Stein-Höhle, von der bislang lediglich 3 200 Meter erforscht sind und die Kornäckerhöhle. Letztere wurde erst 2006 entdeckt. Man vermutet, dass sie die Fortsetzung der Eberstadter Tropfsteinhöhle ist. Beide sind derzeit für Besucher nicht zugänglich. Wer weiß, welche Höhlen noch auf ihre Entdeckung warten?

Rhöner Moore und ihre Besonderheiten

Über die karge Hochebene der Rhön

Moore sind Gebiete, die ständig feucht sind. Pflanzliche Reste können wegen Sauerstoffmangels nicht vollständig abgebaut werden und verwandeln sich im Laufe der Zeit in Torf. Dadurch wachsen intakte und noch funktionierende Moore nach und nach in die Höhe. Moore kommen weltweit vor, konzentrieren sich aber vor allem in Gebieten der nördlichen Erdhalbkugel. Auch in Deutschland sind die meisten Moore im Norden, aber auch im Alpenvorland zu finden. Franken müsste demnach moorfrei sein – ist es aber nicht. In der bayerischen Rhön finden sich zwei: das Rote und das Schwarze Moor.

Moore werden seit Jahrhunderten von den Menschen genutzt. Schon Zisterziensermönche versuchten im Mittelalter, Moorgebiet trockenzulegen, um darauf Landwirtschaft betreiben zu können. Vor allem im 18. Jahrhundert führte man diese Art von Landgewinnung durch. Der Torf konnte natürlich ebenfalls verwendet werden, als Brenn- und Baumaterial, Dünger und Streu. Seit dem 19. Jahrhundert setzte man ihn außerdem im Moorbad zu Heilzwecken ein. Bereits zu Beginn des 20. Jahrhunderts begann hingegen ein Umdenken. Der Torfabbau ging langsam zurück, weil er unrentabel wurde und man den Wert von Moorlandschaften erkannte. Heute stehen Moorgebiete vielfach unter Schutz. Es gibt, v. a. in Niedersachsen, allerdings immer noch Torfabbau, der in erster Linie den Gartenbau im professionellen und privaten Bereich, aber auch medizinische Anwender bedient.

Das Schwarze Moor

Das Schwarze Moor liegt auf der fränkischen Seite im Dreiländereck von Hessen, Thüringen und Bayern mitten im UNESCO-Biosphärenreservat Rhön. Es ist ein kuppelförmig aufgewölbtes Regenmoor – wie Hochmoore auch genannt werden, die keinen Zugang zum Grundwasser haben – und gilt als eines der bedeutendsten Moore dieser Art in Mitteleuropa. Im Jahr 2007 wurde es in die Liste der hundert schönsten Geotope Bayerns aufgenommen.

Ins Moor selbst gelangt man nur zu Fuß; es gibt einen etwa 3 Kilometer langen Naturlehrpfad mit einem Bohlensteg, der das Gebiet erschließt, aber direkt am Schwarzen

Ein Holzbohlenweg führt über mehr als 2 Kilometer durch das Schwarze Moor.

17

*Der Weg ins Schwarze Moor
ist keineswegs so düster,
wie der Name vorgibt.*

Moor führt auch der Hochrhön-Radweg vorbei. Er erstreckt sich von Norden nach Süden über 180 Kilometer von Bad Salzungen bis nach Hammelburg an die Fränkische Saale.

Das 60 Hektar große Schwarze Moor hat seinen ursprünglichen Charakter noch weitgehend erhalten. Der Grund liegt darin, dass es von Torfabbau und Trockenlegung weitgehend verschont blieb. Außerdem wurde es bereits 1939 unter Naturschutz gestellt.

Der Weg in die Freiheit führt über die Arbeit – so sah das zumindest der Reichsarbeitsdienst im »Tausendjährigen Reich«.

Ein Rundweg, der größtenteils über einen Holzsteg führt, zeigt unterschiedliche Moorstadien, vom Nieder- bis zum aufgewölbten Hochmoor. Am Eingang findet man auch noch Reste vom Eingangstor des Reichsarbeitsdienstlagers »Hochrhön«. Dieses wurde

1936 am Rand des Schwarzen Moores errichtet. Die dort untergebrachten Arbeiter sollten die Hochrhön kultivieren und bewalden. Die Aufforstung mit Fichten funktionierte jedoch nicht, sodass das Lager 1945 aufgegeben wurde.

Das Klima auf der Hochrhön um das Schwarze Moor ist rau und kalt. Diese Region bildet innerhalb der Rhön eine Kälteinsel, die im Jahresmittel Temperaturen von 4,8° Celsius aufweist. Genau dies war der Grund, weswegen die genannte Aufforstung durch den Reichsarbeitsdienst erfolglos blieb. Es ist geplant, den aus diesen Bemühungen entstandenen und noch vorhandenen Fichtenforst am Rande des Moores in einen natürlichen Laubwald zurückzuführen. Man setzt dabei auf die Karpatenbirke (*Betula carpatica*), eine besondere Art der Moorbirke (*Betula pubescens*), die durch ihren seltsam bizarren

Kleine, teilweise sehr bizarr-krumm gewachsene Moorbirken findet man überall im Schwarzen Moor.

Wuchs auffällt. Schneebedeckung für mehr als hundert Tage und bis zu zweihundert Nebeltage im Jahr sorgen dafür, dass die Vegetationsperiode in dieser Region relativ kurz ausfällt.

Wer sich von all dem nicht abschrecken lässt, kann die Schönheit dieses Moors genießen. Wanderungen sind dort im Nebel ebenso reizvoll wie bei Sonnenschein. Dass man dabei im Moor versinkt und erst nach Jahrhunderten als Moorleiche wieder auftaucht, ist unwahrscheinlich, zumindest, wenn man sich an die vorgegebenen Wege hält.

Die Region wird als arm an Tierarten beschrieben. Wenn man jedoch aufmerksam durch das Moor geht und idealerweise dann, wenn die Besucherzahl gering ist, etwa am frühen Morgen, so kann man doch ein reges Tierleben ausmachen. Rehe halten sich ganzjährig dort auf. Hasen und Eichhörnchen sind von früh bis spät zu beobachten. Marder und Dachs stellen dagegen eher Gefährten der Dunkelheit dar, aber Hermelin, Fuchs und Baummarder können mit etwas Glück auch tagsüber gesichtet werden. An sommerlich warmen Tagen besteht auch die Aussicht, auf eine Kreuzotter zu treffen. Größere Gefahren gehen von dieser Schlange nicht aus, sie flieht eher vor den Menschen und beißt nur in der Not. Festes Schuhwerk kann sie dabei nicht durchdringen. Wahrscheinlicher ist allerdings eher eine Begegnung mit der Mooreidechse, die sich gerne auf oder zwischen den Holzbohlen des Rundwegs bewegt.

Diese Mooreidechse (*Zootoca vivipara*), auch Wald- oder Bergeidechse genannt, gilt nach der Roten Liste der Bundesrepublik Deutschland als nicht gefährdete Tierart. Trotzdem lautet der gesetzliche Schutzstatus »besonders geschützt«, denn die Bestände gehen durch die Zerstörung von Magerbiotopen und durch Mangel an Beuteinsekten (u. a. durch Pestizideinsatz auf Feldern und in Wäldern) immer mehr zurück.

Das Schwarze Moor ist von einem 2 Meter hohen und 4,8 Kilometer langen Zaun umgeben. Um den Zugang trotzdem zu ermöglichen, wurden befestigte Wege gebaut, u. a. ein fast 2 Kilometer langer Knüppeldamm. Teilweise ist der Weg als Lehrpfad gestaltet. Hinweistafeln informieren über zahlreiche Details des Moores. Speziell für Kinder sind auch Erlebnisstellen eingerichtet, etwa ein Moorloch, in dem herumgeplanscht werden darf.

Das Rote Moor

Anders als das Schwarze ist das Rote Moor – ebenfalls ein Hochmoor – durch starke Abtorfung stark geschädigt worden, hauptsächlich allerdings im inneren Bereich. Die Randgebiete sind noch weitgehend intakt. Seit 1979 finden umfangreiche Renaturierungsmaßnahmen in diesem Naturschutzgebiet statt. Es liegt ebenfalls im Biosphärenreservat Rhön, auf der hessischen Seite. Das eigentliche Rote Moor befindet sich im südlichen Teil des über 300 Hektar großen Naturschutzgebietes gleichen Namens.

Beim Roten Moor handelt es sich nicht um ein zusammenhängendes Moorgebiet, es besteht vielmehr aus dem Großen und dem Kleinen Roten Moor. Getrennt werden beide durch einen bachdurchflossenen Niedermoorstreifen. Dieser ist an den dort gruppenweise auftretenden Ohrweiden (*Salix aurita*) und Karpatenbirken gut zu erkennen.

Auch durch das Rote Moor führt ein Pfad, der teilweise durch Holzbohlen gut begehbar gemacht wurde.

Flora und Faune sind hier ähnlich vielfältig wie beim Schwarzen Moor und durch die bessere Bewaldung sogar noch artenreicher. Mehr als 120 Vogelarten hat man hier nachgewiesen; Mäuse- und Rotbussard sind über den offenen Flächen fast ständig zu beobachten, auch der an seinem Rüttelflug gut zu erkennende Turmfalke. Mit etwas Glück sieht man zudem Wespen- und Raufußbussarde sowie verschiedene Weihenarten. Bei den Reptilien findet sich neben der Bergeidechse und dem Bergmolch auch der Feuersalamander. Die Kreuzotter ist in diesem Moor allerdings nicht anzutreffen.

Zum Abschluss ins Kloster

Für ein erstes Kennenlernen kann ein Tag eingeplant werden. Wer keine weiten Wege hat, um in die Rhön zu kommen, sollte

Die Karpatenbirken sind auch im Roten Moor an ihrem eigenartigen Wuchs zu erkennen.

sich das Vergnügen, die Moore in den wechselnden Jahreszeiten zu erleben, jedoch nicht entgehen lassen.

Für die Mittagszeit oder den Abend ist ein Ausflug zum Kreuzberg, dem mit 928 Metern dritthöchsten Berg der Rhön, zu empfehlen. Auch der Bayerische Rundfunk nutzt mit einem gut 200 Meter hohen Sender die Höhe. Wer noch nicht müde ist, kann zu den drei Kreuzen und dem Gipfelkreuz hinaufsteigen und danach zum Kloster zurückkehren, das Mitte des 17. Jahrhunderts von Franziskanern gegründet wurde und schon seit 1731 eine Brauerei mit der dazu passenden Gastronomie betreibt. Spätsommer und Frühherbst sind allerdings eher ungünstige Zeiten für einen Besuch, denn dann finden zahlreiche Wallfahrten zum Kreuzberg statt – immerhin siebzig bis achtzig jährlich –, und Pilger sind erwiesenermaßen hungrig. Plätze auf den Bänken und an den Tischen werden dann schnell knapp.

Die drei Kreuze kurz vor dem Gipfel des Kreuzbergs. Von hier aus hat man einen guten Ausblick weit über die Rhön.

Wo Walther ruht und Otto sang

Die fränkischen Minnesänger

Von den Minnesängern haben sicher die meisten schon gehört: fahrende Dichter des Mittelalters, die in klangvollen Reimen um die Gunst einer Dame warben ... Aber die Minne, landläufig mit »Liebe« übersetzt, umfasste auch Lyrik, die Freundschaft, Nächsten- oder Gottesliebe thematisierte. Insbesondere im 12. und 13. Jahrhundert taten sich die Minnesänger gemäß dem Vorbild der südfranzösischen Trobadors hervor. Der älteste Minnesang stammte aus dem Donaugebiet um Linz, erlebte aber später im fränkischen Westen seine Blütezeit, bevor er sich im 13. Jahrhundert vom platonischen Ideal der hohen Minne entfernte, parodistische und rein erotische Tendenzen annahm und schließlich im hohen Mittelalter vom Meistergesang abgelöst wurde, der andere Themen berührte und einem strengen Regelwerk gehorchte.

Spuren vieler bedeutender Minnesänger können heute noch in Franken gefunden werden. Beginnen wir in Würzburg – verbunden mit dem Namen eines der sicherlich bekanntesten Sänger, die der Minne huldigten.

Würzburg

Würzburg lohnt eine Reise – die Stadt ist freundlich, die Menschen sind es auch. Gerade im Sommer laden überall Cafés und Restaurants zum Pausieren ein, nachdem man am Main oder durch den Garten der berühmten Residenz spaziert ist, wo es bei sommerlicher Wärme besonders angenehm ist. Warum nicht auch Walther von der Vogelweide einen Besuch abstatten? Das Grabmal des Minnesängers ist im sogenannten Lusamgärtchen zu finden. Um 1230 soll er hier auf dem Friedhof nördlich der Neumünsterkirche begraben worden sein – einer wichtigen Kirche, steht sie doch auf dem Grund, wo der Ire Kilian angeblich auf seiner Missionsreise den Märtyrertod starb.

Das Grab Walthers ist längst nicht mehr erhalten, ein Gedenkstein erinnert aber noch an den berühmten Mann, hinter alten gotischen Bögen, Resten des ehemaligen Kreuzgangs. Man *Die alte Mainbrücke unterhalb der Marienburg in Würzburg* kann sich setzen, den Schatten und die Stille genießen. Sollte man den Moment erwischt haben, in dem ein selbst ernannter neuer Minnesänger vermeintliche Lieder des alten Sängers zum Besten gibt, so wartet man geduldig ab, bis er weitergezogen ist, oder kommt einfach später wieder.

Walther von der Vogelweide wurde um 1170 geboren – der Geburtsort ist unbekannt. Schon zu Lebzeiten war er be-

Reste des Kreuz-gangs des Neu-münsterstifts. Es ist eines der älte-sten und wurde zur Zeit Kaiser Friedrich Barbarossas um das Jahr 1170 erbaut. Nur ein Teil blieb erhalten und wurde 1953 wieder-aufgebaut.

rühmt, Dichterkollegen erwähnten ihn lobend oder kritisierend in ihren Texten. Sein Œuvre war umfangreich, es reichte von Liedern mit Min-nethematik bis hin zu politischer Spruchdich-tung und religiöser Lyrik. Walther hielt sich am Hof verschiedener Herrscher und Fürsten auf, er lebte das unstete Leben der Minnesänger, sei-ne letzte Station war wohl bei Kaiser Friedrich II., von dem er ein Lehen erhielt. Genaueres über dieses Lehen weiß man nicht, es wird aber ver-mutet, dass es sich in oder um Würzburg befunden habe, wo Walther nach einem Leben auf Wanderschaft seine letzte Ruhestätte finden sollte.

Ob nun aber das Lusamgärtchen genau die Stelle ist, an der Walther von der Vogelweide tatsächlich begraben wurde, ist nicht gesichert. Michael de Leone (gest. 1345), Würzburger Protonotar, also Leiter der bischöflichen Kanzlei, gibt allerdings einen entscheidenden Hinweis darauf in seinem *Manuale*, einer Sammlung geistlicher und weltlicher Texte, die heute in der Universitätsbibliothek Würzburg aufbewahrt wird:

> Her walter uon der uogelweide. begraben ze wirzeburg.
> Zv dem Nuwemunster in dem grasehoue.

Das kann man gelten lassen.

Zu der Zeit, als der berühmte Walther starb, erblickte ein weiterer zukünftiger Minnesänger in Würzburg das Licht der Welt: Konrad von Würzburg, geboren zwischen 1220 und 1230. Er war von bürgerlicher Herkunft, verließ später Franken auf seinem Lebensweg als fahrender Sänger und verbrachte seinen Lebensabend in Basel, wo er nach seinem Tod 1287 in der Magdalenenkapelle des Basler Münsters begraben wurde. Spuren im Fränkischen finden sich nicht mehr von ihm – immerhin aber verweist Konrads Name auf die Gegend.

Auf der Suche nach weiteren Zeugnissen berühmter Minnesänger wird man im nahe bei Würzburg gelegenen Eßfeld fündig. Vor dem Kirchlein des Dorfes ist der Grabstein eines weiteren Minnesängers zu besichtigen: den Reinmar von Zweters. Dieser verwitterte Stein trägt den Spruch:

> Sich mensche, vür dich,
> wer du bist,
> war uz dû sist worden,
> unt wer dû wirst
> in kurzer vrist!
> din leben wert unlange,
> wider dem Leben.
> daz nimmer ende hât.

Darunter steht zu lesen:

Minnesänger Reinmar von Zweter
* um 1200 i. Zweter
† um 1260 in Eßfeld

Dieser Reinmar von Zweter wurde um 1200 geboren, er verstarb nach 1248, vermutlich um 1260. Sicherlich ist sein Name nicht so bekannt wie der Walther von der Vogelweides; sein Sujet war auch eher die didaktische Sangspruchdichtung zu unterschiedlichen Themen, die die Hohe Minne ablöste. Der nach eigenen Angaben am Rhein geborene Reinmar wuchs in Österreich auf und versuchte sich mit seiner Dichtkunst am Babenberger Hof in Wien, so wie sein Sangesbruder von der Vogelweide viele Jahre zuvor. Aber ebenso wie diesen hielt es Reinmar dort nicht. Nach 1240 geht man von einem Leben auf Wanderschaft aus; irgendwann verliert sich seine Spur. Es ist bekannt, dass Walther es zu einem Lehen brachte, das wohl in Würzburg vermutet werden kann. Ob Zweter diese Stadt deshalb ansteuerte? Er musste wissen, dass der von der Vogelweide nicht mehr unter den Lebenden weilte. Ob er in Würzburg ankam oder dort abgewiesen wurde – das bleibt im Dunkel der Geschichte verborgen.

Von Trimberg auf die Trimburg

Kurz vor Bad Kissingen liegt Trimberg an der Fränkischen Saale. In diesem kleinen Ort, der sicher als Siedlung von Handwerkern und Bauern unterhalb der Burg, die hoch über dem Flusstal thront, entstand, soll der mittelalterliche Sänger und Dichter Süßkind von Trimberg geboren worden sein. In der großen Heidelberger Liederhandschrift, dem *Codex Manesse*, sind zwölf Sangsprüche von Süßkind enthalten. Außerdem wird er dort als Jude bezeichnet – Süezkint, der Jude von Trimperg – und auf einer Abbildung mit spitzem Judenhut dargestellt. Man hat daher auf eine mögliche jüdische Herkunft Süßkinds geschlossen und diese würde ihn zum einzigen bekannten jüdischen Minnesänger machen.

Im Ort selbst sind keine Spuren des mittelalterlichen Dichters mehr zu finden, es lohnt sich jedoch der Besuch der alten

Burgruine. Von unten, vom Ort Trimberg aus, führt ein steiler Weg, teilweise durch Treppen- stufen erleichtert, zur Burg hinauf. Er ist roman- tisch und zu empfehlen, wenn die Sonne nicht allzu heiß brennt. Man kann allerdings auch mit

Wer mit dem Auto heraufgefahren ist, kann die Burg durch das Tor betreten.

dem Auto fast bis an die Burg heranfahren. Welche Art der Fortbewegung man auch wählen mag, belohnt wird man mit dem Anblick einer Ruine, in der die wesentlichen Elemente der ehemaligen Vor- und Kernburg noch so erhalten sind, dass man daraus einen Gesamteindruck der ehemaligen Burg gewin- nen kann. Auf dem Rundweg um die Anlage sind einige Infor- mationstafeln aufgestellt – darunter eine zum Minnesänger Süßkind – und von mancher Sage ist zu lesen. So auch von je- ner über die Vorburg, die im Volksmund »Linsenburg« heißt:

Die Sage von der Linsenburg

Nachdem die Herren von Trimberg die Burg im 13. Jahrhundert an das Hochstift Würzburg teilweise als Lehen vergeben, teilweise verschenkt und verkauft hatten, wurde beschlossen, die Burg um ein Vorwerk zu erweitern. Die Henneberger befanden sich mit dem Fuldaer Bischof im Streit und da die Trimberger den Hennebergern beistanden, musste mit Angriffen des Fuldaer Abts und seiner Verbündeten von der Schutzburg Saaleck gerechnet werden. Die Bauarbeiten an der Trimburg hatte der Bischof durch seinen Hofnarren beaufsichtigen lassen, was die Burgbesatzung dermaßen belustigte, dass sie diesen auf dem Baugerüst mit Kalk bespritzte. Der verärgerte Narr warf aus Rache große Salzbrocken in die bereits angesetzte Linsensuppe mit Speck. Darüber hatten die Trimberger übersehen, dass sich bereits Saalecker Burgknechte genähert hatten. Diese überwältigten und fesselten die Trimberger, und da sie Hunger hatten, fielen sie über das bereits fertige Linsengericht her. Davon bekamen sie aber einen großen Durst, der mit dem Wein aus dem Burgkeller gestillt werden musste. Gesättigt und betrunken fielen sie in Schlaf und bemerkten nicht, dass der Hofnarr sich in der Zwischenzeit hatte befreien und Hilfe holen können. Die Reiter des Würzburger Bischofs nahmen die Saalecker gefangen, warfen sie aber nicht in den Kerker, sondern ließen sie die Vorburg zu Ende bauen. Als Lohn bekamen sie versalzene Linsensuppe und Zisternenwasser. Seither nennt man die Vorburg im Volksmund die »Linsenburg«.

Bad Kissingen und Graf Otto von Botenlauben

Von Trimberg nach Bad Kissingen ist es nicht mehr weit. Bereits im 9. Jahrhundert wurden hier Heilquellen nachgewiesen und der erste Kurgast fand im Jahr 1520 Erwähnung. Im 18. Jahrhundert leitete der bedeutende Baumeister Balthasar Neumann (siehe S. 114 f.) die Fränkische Saale, die die Stadt durchfließt, nach Südwesten um. Dadurch wurden die Kuranlagen erhöht, die Heilquellen vor Überschwemmungen geschützt und eine in Vergessenheit geratene Quelle wiederentdeckt. Auch das »Königliche Kurhaushotel« aus dem Jahr 1739 stammt von Neumann. Im 19. Jahrhundert wurde Kissingen zu einem mondänen Badeort, in dem gekrönte Häupter wie Elisabeth von Österreich, Zar Alexander II. und Ludwig II. von Bayern kurten. Reichskanzler Otto von Bismarck hielt sich ebenfalls mehrmals in Bad Kissingen zur Kur auf. Er ist auch Namensgeber für das Museum, das im Stadtteil Hausen eingerichtet wurde, und zwar in der Oberen Saline, die während Bismarcks erster Kur im Jahr 1876 seine Unterkunft war. Es enthält die historische Bismarck-Wohnung mit originalem Interieur und Schauräume, in denen einiges aus der Zeit von den Aufenthalten des Reichskanzlers in Bad Kissingen (1876–1893) gezeigt wird.

Hat man genug vom Schlendern durch den Rosengarten an der Fränkischen Saale und das Spielcasino glücklich umschifft, kommt man möglicherweise auf den Platz

Der Rosengarten von Bad Kissingen, an der Fränkischen Saale gelegen, lädt nicht nur Kurgäste zum »Lustwandeln« ein.

vor dem alten Rathaus und erblickt den Brunnen mit dem Harfenspieler. Der Dargestellte ist Graf Otto von Botenlauben als Minnesänger (um 1177 – vor 1245). Er war der vierte Sohn des Grafen Poppo VI. von Henneberg und dessen Frau Sophie, einer geborenen Gräfin zu Andechs, hieß somit ursprünglich auch »von Henneberg« und nannte sich erst später um in »von Botenlauben«, vermutlich nach der Burg, die er bewohnte.

Zuvor war Otto aber im Jahr 1197 auf einen Kreuzzug ins Heilige Land gezogen. Zwar war der Kaiser, Heinrich VI., selbst vor dem Antritt dieser Reise in Messina gestorben, doch zog das Heer noch los, um allerdings bereits 1198 wieder zurückzukehren, weil es Streit um die deutsche Thronfolge gab. Otto aber blieb im Königreich Jerusalem, wo er sich Ansehen und Wohlstand erwarb und zudem seine Frau, Beatrix von Courtenay, die Erbtochter des königlichen Seneschalls Joscelin III., heiratete. Dadurch erbte Otto selbst die Herrschaft über Jerusalem, verkaufte diese aber 1220 an den Deutschen Orden, um nach einem bewegten Leben endgültig in seine Heimat zurückzukehren.

Im Stadtteil Reiterswiesen findet man noch die Ruine der einstigen Höhenburg Botenlauben. Man kann mit dem Auto recht nah heranfahren und hat nur einen geringen Aufstieg zu bewältigen, danach aber einen prächtigen Ausblick auf das Umland. Von 1220 bis 1242 wohnten Otto und Beatrix dort. Man sieht der Ruine noch an, dass die ursprüngliche Burg kein kleines, nur auf Wehrhaftigkeit ausgerichtetes Bauwerk war. Kemenaten und Rittersaal sollen üppiger angelegt gewesen sein als sonst zu dieser Zeit üblich. Gaukler und Minnesänger kamen und

Der Botenlaubenbrunnen vor dem Bad Kissinger Rathaus erinnert an den Minnesänger.

brachten Abwechslung, wiewohl der Graf selbst als Minnesänger tätig und auch mit der zeitgenössischen Literatur vertraut war, wie Anspielungen in

Der herrliche Blick vom Turm der Ruine Botenlauben vermittelt eine Ahnung davon, was für eine prächtige Anlage die Burg früher einmal war.

seinen Gesängen, so etwa auf das Nibelungenlied, belegen.

Begraben wurden Otto von Botenlauben und seine Frau im nicht weit von Bad Kissingen entfernt gelegenen Kloster Frauenroth, das von den Zisterzienserinnen bis 1574 bewohnt wurde und von dem heute nur noch die Klosterkirche erhalten ist. Das Grab des Paares zieht Aufmerksamkeit auf sich – die steinernen Figuren wirken wie gerade erst hingelegt. Sie berühren sich nicht, scheinen aber trotzdem einander so zugehörig zu sein und nur leicht zu schlafen, dass man bemüht ist, nicht zu viel Geräusche zu machen, um sie nicht aufzuwecken.

Wo Wolfram seinen *Parzival* schrieb

Auf den Spuren Wolfram von Eschenbachs in Franken

Wolfram von Eschenbach war von allen Dichtern des Mittelalters der einflussreichste – fruchtbare Jahre waren es, von ca. 1200 bis 1217, in denen der Mann aus Franken seinen Geist sprühen ließ. Es sind von ihm beispielsweise Minnelieder überliefert – neun insgesamt –, von denen die *Tagelieder*, intoniert im Morgengrauen, wenn der anbrechende Tag die Liebenden scheidet, zu den bedeutendsten dieser Gattung gehören. Die Versdichtung *Titurel* ist nur als Fragment erhalten. Dafür erfand der Dichter aber eine neue Strophenform – die sogenannte siebenzeilige Titurelstrophe –, die dann von anderen Dichtern des Mittelalters aufgegriffen wurde.

Sein bedeutendstes Werk aber ist der *Parzival*, ein Epos, in dessen Mittelpunkt der Heilige Gral steht. Doch nicht nur dieser, sondern auch die großen Werte und Ideale von Mut über Verantwortung bis hin zur Nächstenliebe spielen eine entscheidende Rolle in dieser Dichtung.

Von Wolframs Leben wissen wir nicht viel. Wie bei anderen Dichtern seiner Zeit stammen die meisten Hinweise aus seinem eigenen Werk – geografische Anspielungen z. B. – und aus dem seiner Kollegen. Gelehrt scheint er gewesen zu sein, Kenntnisse aus verschiedenen Wissenschaften gehabt zu haben. Einige der Stätten, die seine Lebensstationen waren, liegen in Franken.

Das 1860 von König Maximilian II. von Bayern gestiftete Denkmal in Wolframs Eschenbach.

Transparente in der Wertheimer Altstadt stellen im Sommer den Bezug zu Wolfram von Eschenbachs Dichtung Parzival *her.*

11/14 **Parzival begreift jetzt, wie er sich verhalten solle:**

*Ein Ritter komme her,
wenn der seine Frage stelle,
wäre das schwere Leid beendet.*

Wolfram von Eschenbach
(um 1170 – um 1220)
PARZIVAL

11/14 **Parzival now comprehends how he should act:**

*A knight shall come,
and if he asks his question,
all suffering will be over.*

Dieses Kapitel mag zu einem Besuch dieser Orte anregen. Doch zuvor sei auf den Deutschen Orden eingegangen, der möglicherweise noch zur Lebenszeit des Dichters eine bedeutungsvolle Rolle in der Stadt übernahm.

> *Zwei Bücher sind empfehlenswert, möchte man sich ausführlich mit Wolfram von Eschenbach und seinem Hauptwerk, dem* Parzival, *beschäftigen:*
>
> *Dieter Kühn:* Der Parzival des Wolfram von Eschenbach, *Frankfurt a. M. 1977. Das Buch enthält im ersten Teil eine ausführliche Darstellung von Leben, Werk und Zeit des Dichters. Im zweiten Teil ist eine gekürzte Übertragung des* Parzivals *enthalten.*
>
> Parzival. Nach Wolfram von Eschenbach. *Neu erzählt von Wolf Wiechert, Würzburg 2013. Diese Neuerzählung enthält auch mittelhochdeutsche Passagen (mit Übersetzung und Verständnishilfen). Wer vor dem opulenten Werk Kühns zurückschreckt, dem bietet diese Ausgabe eine gute Alternative.*

Wolframs-Eschenbach und der Deutsche Orden

Nahe Ansbach liegt der Ort Wolframs-Eschenbach. Er hieß nicht immer so, bis 1917 nur Obereschenbach. Im zweiten Jahrzehnt des 13. Jahrhunderts, zwischen 1212 bis 1220, übergaben die Wertheimer Grafen den Ort als Geschenk an den Deutschen Orden. Wie lange zuvor Obereschenbach schon bestanden hatte, ist heute schwer nachzuweisen. Aber aller Wahrscheinlichkeit nach wurde hier der Dichter und Minnesänger Wolfram von Eschenbach geboren, der uns den *Parzival* hinterlassen hat und manches andere. Als Obereschenbach an den Deutschen Orden überging, war die Lebenszeit Wolframs bereits abgelaufen (oder ging gerade dem Ende entgegen – so genau ist uns heute das Sterbedatum nicht bekannt). Aber nach seinem berühmtesten Spross nennt der Ort sich seit nunmehr bald hundert Jahren.

Doch nun zur Geschichte des mächtigen Ordens: Im Gefolge der Kreuzzüge kamen nicht nur Ritter nach Palästina. Als während der Belagerung von Akkon eine Gruppe von Kaufleuten aus Bremen und Lübeck die katastrophalen hygienischen Zustände sahen, gründeten sie ein Feldhospital, das auch nach der Eroberung der Stadt bestehen blieb. Man nannte es »St. Marien-Hospital der Deutschen zu Jerusalem« und nahm die karitativen Regeln der Johanniter an. Durch Schenkungen gewannen dieses Hospital und die darin dienenden Brüder zunehmend an Bedeutung. Im Jahr 1191 wurde der Orden durch Papst Clemens III. – auf Drängen von Kaiser Heinrich VI. – anerkannt. Wenige Jahre später erhob man gar die Gemeinschaft der Krankenpfleger in den Stand eines Ritterordens.

Dessen Mitglieder gelobten Armut, ehelose Keuschheit und Gehorsam. Es gab eine Hierarchie, an deren Spitze die Ritterbrüder standen, dann kamen die Priester-, die Sariant- und schließlich die dienenden Halbbrüder. Die beiden letztgenannten Gruppen bestanden aus Laien und hatten kein Stimmrecht. Die Stiftungen – wie die der Grafen von Wertheim – dienten vor allem der Sicherung des eigenen Seelenheils. Neben karitativen hatte der Orden auch militärische Aufgaben. So nahmen Ordensritter etwa an der Abwehr der Angriffe der mongolischen Heere im Jahr 1241 teil. Dabei wurde allerdings das gesamte zur Verteidigung Schlesiens erbrachte Aufgebot des Ordens aufgerieben.

Nach 1230 bis 1525 engagierte sich der Deutsche Orden im Baltikum und bei der Ostkolonisation. Es wurde dort ein Deutschordensstaat gegründet, aus dem später das Herzogtum Preußen sowie die Länder Lettland und Estland entstanden. Nach 1525, aus dem Baltikum weitgehend vertrieben, konzentrierte sich der Deutsche Orden auf die Besitzungen im Heiligen Römischen Reich. Ab dem 16. Jahrhundert wandelte er sich zudem in eine Versorgungsinstitution für den Adel. Karitative Aufgaben erfüllte man immer noch, aber es kam auch zum kriegerischen Einsatz der Ritterbrüder, etwa bei den Türkenkriegen zur Verteidigung des christlichen Abendlandes gegen das Osmanische Reich. Im 17. Jahrhundert entwickelte der Orden eine rege Bautätigkeit: Schlösser, Kirchen und repräsentative Gebäude wurden an vielen Orten errichtet.

Zu Beginn des 19. Jahrhunderts, unter dem Druck der verlorenen Schlachten gegen Napoleon, wurde der Orden zu-

Das Deutschordensmuseum ist im ehemaligen Deutschordensschloss von Bad Mergentheim untergebracht.

nächst erblich an das Haus Österreich gebunden (1805). Napoleon jedoch erklärte ihn 1809 in den Rheinbundstaaten für aufgelöst und verschenkte den Besitz an die Fürsten des Rheinbundes. Eine volle Wiederherstellung der Gemeinschaft nach dem Wiener Kongress (1815) fand nicht statt. Nach dem Untergang der Donaumonarchie wurde der Deutsche Orden zunächst nur als Kaiserlich Habsburger Ehrenorden betrachtet. Nachdem erwogen wurde, das noch vorhandene Ordensvermögen einzuziehen, verzichtete der damalige Hochmeister 1923 auf sein Amt, dankte ab und ließ einen Ordenspriester und Bischof wählen. Danach erkannten bis zum Jahr 1927 alle Nachfolgestaaten der Donaumonarchie den Deutschen Orden als »geistlichen Orden« an. 1938/39 löste die nationalsozialistische Regierung ihn im Deutschen Reich, im angegliederten Österreich und in den annektierten Gebieten Böhmen und Mähren auf. 1947 wurde in Österreich das Aufhebungsdekret annulliert und das verbliebene Vermögen zurückerstattet. Heute ist er ein geistlicher Orden und bezeichnet sich mit dem Titel »Brüder vom Deutschen Haus St. Mariens in Jerusalem«. Er erfüllt karitative Aufgaben und ist im Bildungsbereich tätig. Der Deutsche Orden wird heute von Wien aus geleitet.

Die Deutschordensritter hielten sich bis 1805 in Eschenbach auf – fast sechshundert Jahre. Das ehemalige Deutschordensschloss beherbergt heute das Rathaus der Stadt. Aber auch in anderen Städten Frankens sind die Spuren des Ordens oder seiner heutigen Nachfolger zu finden. So etwa auf dem Bergkegel von Virnsberg, in Absberg, Ellingen, Nürnberg, Dinkelsbühl, Archshofen, Würzburg oder Münnerstadt. Vor allem aber Bad Mergentheim lädt zu einem Besuch des dortigen Deutschordensschlosses ein. In dem darin integrierten Museum ist die Geschichte des Ordens über die Jahrhunderte, insbesondere in den Ostgebieten, anschaulich dargestellt. Eine weitere ständige Ausstellung zeigt Exponate aus der Geschichte der Stadt.

Sehens- oder besser erlebenswert in Bad Mergentheim sind auch der Schlossgarten und der Kurpark. 1826 entdeckte ein Schäfer die erste Quelle, die Heilwasser führte. So wurde aus dem einfachen Mergentheim bald die bekannte Kurstadt. Im Münster St. Johannes Baptist ist das Museum Münsterschatz zu finden, in dem liturgische Gefäße aus der Zeit ab der Spätgotik gezeigt werden. Eine Erwähnung wert ist außerdem der Dichter Eduard Mörike, der hier einige Jahre gelebt und auch seine Frau kennengelernt hat. Ein nach dem Dichter benannter Spazierrundweg führt aus der Stadt heraus und wieder zurück zu Stellen, an denen Mörike vor 150 Jahren gewandert ist. Seiner Dichtung widmete er sich in Bad Mergentheim ebenfalls, so entstand hier und nicht etwa am größten deutschen See die »Idylle vom Bodensee«.

Und dann war da noch der Räuber Hotzenplotz ... Zurück nach Wolframs-Eschenbach: 1974 diente der Ort als Kulisse für die Verfilmung des Klassikers von Otfried Preußler, in der Hauptrolle Gert Fröbe.

Burg Wildenberg im Odenwald

Im unterfränkischen Landkreis Miltenberg bei Preunschen suchen wir weiter nach Wolfram von Eschenbachs Spuren und finden sie auf der Burgruine Wildenberg, die trotz ihrer Schadhaftigkeit noch ein prächtiges Bild abgibt und erahnen lässt, wie imposant der Bau hoch über dem Odenwald gestanden haben muss, bevor Götz von Berlichingen ihn am 4. Mai des Jahres 1525 besetzte und niederbrennen ließ.

Man braucht nicht viel Vorstellungskraft, um die stolze Burg zur Zeit Wolframs von Eschenbach in all ihrer wehrhaften Pracht vor sich zu sehen.

Erbaut worden war die Burg gut dreihundert Jahre zuvor von den Edelfreien von Durne, die vom staufischen Kaiser Friedrich Barbarossa als Schutzvögte des Klosters Amorbach ernannt worden waren und zahlreiche Lehen besaßen, auch im Odenwald. In dieser Burg nun, Wildenberg, war Wolfram von Eschenbach zu Gast. Er hat vermutlich im Palassaal seine Dichtungen vorgetragen. Wildenberg selbst wird im 5. Buch des *Parzivals* sogar erwähnt. Man nimmt an, dass die Burg Montsalvaesch, die Gralsburg in Wolframs *Parzival*, nach dem Vorbild der Burg Wildenberg geschaffen wurde. Zu belegen ist das nicht; aber wenn man durch die Burgruine geht und die mächtigen Mauerreste auf sich wirken lässt, dann scheint diese Vorstellung zumindest im Bereich des Möglichen zu liegen.

Ein Besuch der Burg ist Pflicht, wenn man auf den Wegen Wolfram von Eschenbachs wandeln will. Das nahe Amorbach bietet darüber hinaus zusätzlichen Anreiz für eine Stippvisite.

Amorbach

Die Keimzelle Amorbachs – nein, der Gott der Liebe steht nicht Pate für den hübschen Namen – ist das Benediktinerkloster, aus dem der Ort entstand, der sich dann nach und nach zu einer Stadt auswuchs. 1253 bekam Amorbach die Stadtrechte. Heute gehört es zu Bayern, nachdem es in den Jahrhunderten zuvor unterschiedliche Landeszugehörigkeiten inne hatte. Bis 1803 war es Teil des Kurrheinischen Reichskreises, dann des Fürstentums Leinigen – als dessen Residenzstadt –, 1816 wurde es schließlich Bayern zugeschlagen. Die ehemalige Benediktinerabtei kann noch besichtigt werden. In der Pfarrkirche St. Gangolf (18. Jahrhundert) sind interessante Deckenmalereien zu sehen, das Palais der Fürsten von Leinigen wurde von Michael Neumann, dem Sohn Balthasar Neumanns, erbaut. Interessant ist das Teekannenmuseum, das nicht nur die größte Teekannensammlung Europas enthält, sondern auch eindrucksvolle Exponate moderner Kunst. Das ebenfalls in Amorbach befindliche zweitälteste Fachwerkhaus Deutschlands, das Templerhaus, stammt aus dem 13. Jahrhundert. An einem Haus weist eine Tafel darauf hin, dass die Dichterin und Journalistin Helmina von Chézy von 1812 bis 1813 dort gelebt und in dieser Zeit das Volkslied »Ach wie wär's möglich dann« getextet hat. Heute ist diese Poetin etwas in Vergessenheit geraten, aber zu Lebzeiten war sie eine bekannte – und teilweise berüchtigte – Persönlichkeit, politisch kritisch und streitbar.

Wertheim

Wertheim gilt als die nördlichste Stadt Baden-Württembergs. Sie liegt an der Mündung der Tauber in den Main. Sehenswert ist neben der Burg insbesondere die Altstadt. Das Grafschaftsmuseum zeigt nicht nur Exponate aus der Stadt und ihrer Umgebung, sondern im Obergeschoss, im Otto-Modersohn-Kabinett, zudem Bilder des Künstlers, auf denen dieser seine Eindrücke der hiesigen Orte und Landschaften verarbeitet hat, aber auch von anderen Malern, die aus Wertheim oder der Umgebung stammen. Nicht weit entfernt davon ist das Glasmuseum zu finden, das über die frühere Glasindustrie der Stadt informiert. Man kann dort einem Glasbläser noch bei der Arbeit zusehen. Fast schon außerhalb liegt das Schlösschen im Hofgarten, ein kleines Rokokogebäude, an das sich ein Park mit englischem Garten anschließt. In dem kleinen Bau sind drei private Kunstsammlungen untergebracht, die Werke der Berliner Sezession, Malerei des 19. Jahrhunderts aus dem Rhein-Neckar-Raum und eine Porzellansammlung zeigen.

An der Stelle, an der die Tauber in den Main mündet, thront hoch über dem Fluss auf einer schmalen Bergzunge eine Höhenburg. Sie wurde im 12. Jahrhundert von den Grafen von Wertheim erbaut. Die Ansiedlung, die unterhalb der Burg entstand, bekam den gleichen Namen. Bei den Wertheimer Grafen, denen auch der Ort Eschenbach gehörte, war Wolfram von Eschenbach ebenfalls zu Gast, vermutlich des öfteren, und man meint annehmen zu dürfen, dass um 1200 zumindest Teile des *Parzivals* dort niedergeschrieben wurden.

Auch die Wertheimer Burg ist Ruine, aber eine, von der noch viel erhalten ist. Von der Altstadt aus erreicht man sie zu Fuß, nach einem nicht allzu langen Aufstieg. In der Vorburg ist

Von der Burgruine aus hat man einen herrlichen Blick auf den Main und das Umland.

Gastronomie untergebracht, sodass man bei Kaffee und Kuchen einen wunderbaren Blick auf die Wertheimer Altstadt genießen kann. Wer gerne abseitige Wege geht, kann auch einen steilen Aufstieg entlang einer Mauer, die zur Burg hochführt, nutzen, der aber deutlich anstrengender als der zuerst erwähnte ist und Trittsicherheit erfordert. Er ist zu finden, wenn man vom Glasmuseum aus einige hundert Meter stadtauswärts geht. Das Schild »Zur Burg« ist dann kaum zu übersehen. Große Texttafeln in der Anlage weisen auf den Bezug zu Wolfram von Eschenbach hin. In den letzten Jahren hat die Stadt im Sommer durch Transparente, die über die Straßen der Altstadt gespannt waren, die Besucher auf Wolfram von Eschenbach aufmerksam gemacht (siehe S. 37). Sämtliche wichtige Figuren aus dem *Parzival*, beginnend mit dem Protagonisten selbst und seiner Mutter Herzeloyde, sind auf Trittsteinen gleich links nach dem Durchgang durch das Tor verewigt. Die Steine sind so angeordnet, dass sie durch das ganze Werk führen – vom Beginn bis zum Ende.

In Creglingen,
wo der erste Mord geschah

Aufarbeitung alter Schuld

Als Fritz Klein am Vormittag des 25. März 1933 in Creglingen eintrifft, hat er bereits eine Spur der Gewalt durch Nordwürttemberg gezogen. Klein ist Führer einer SA-Standarte in Heilbronn, mit der er wenige Tage vorher in Öhringen und Künzelsau bereits schwere Misshandlungen an Juden vorgenommen hatte: Man hatte sie zusammengetrieben, mit Stöcken und Stahlruten geprügelt, die Misshandelten fotografiert und durch die Innenstädte gejagt. Nach Creglingen kam Klein, um in Häusern von Juden nach Waffen zu suchen. Er löst den Gottesdienst in der Synagoge auf und lässt 16 Männer auf das Rathaus bringen, wo sie wie üblich geschlagen und getreten werden. Hermann Stern, der in seiner Heimatstadt mit Pferden und Immobilien handelt, versucht als Einziger zu fliehen und wird daraufhin bestialisch misshandelt. Während alle anderen sich zurück nach Hause schleppen, bleibt Stern schwer verletzt liegen. Erst jetzt holt man einen Arzt und lässt Stern nach Hause bringen. Am Nachmittag stirbt er. Ein anderer Jude, Arnold Rosenfeld, wird nach Würzburg ins Krankenhaus gebracht, wo er zwei Tage später ebenfalls seinen Verletzungen erliegt. Wegen seines grausamen Vorgehens entzieht man Fritz Klein wenig später das Kommando der SA-Standarte. Die Kriminalpolizei nimmt sogar Ermittlungen wegen Körperverletzung mit Todesfolge auf, die jedoch 1935 »gnadenhalber« eingestellt werden. Nach dem Krieg ist Klein zunächst für ein Jahr interniert. Als das Amtsgericht Bad Mergentheim 1947 Haftbefehl gegen ihn erlässt, taucht er unter. Er wird im Jahr 1951 gefasst, vor Gericht gestellt und nur für den Creglinger Vorfall angeklagt – alles andere gilt als verjährt. Verurteilt wird Klein zu fünf Jahren Gefängnis, jedoch bereits nach einem Jahr unter Anrechnung von Internierung und Untersuchungshaft auf Bewährung entlassen.

Hermann Stern wurde auf dem im 17. Jahrhundert angelegten jüdischen Friedhof, der außerhalb der Stadt liegt, bestattet. Ebenso Arnold Rosenfeld. Das Grab Sterns ist heute noch dort zu finden. Fritz Klein kam nicht aus Creglingen; wie viele Menschen an anderen Orten standen jedoch auch die Creglinger dabei und sahen oder hörten tatenlos zu, wie er und seine Truppe die Männer misshandelten. Nicht wenige glaubten, dass den Juden Recht geschehe, weil – wie es die Propaganda schon seit mehreren Jahren behauptete – sie »an allem schuld« seien.

Auch durch das malerische Creglingen fließt die Tauber. Von der Brücke, die über den Fluss führt, hat man einen schönen Blick auf die Stadt.

Der Schriftsteller Lion Feuchtwanger nahm diesen Creglinger Vorfall bereits 1933 in seinen Roman *Die Geschwister Oppenheim* auf (erstmals erschienen im Querido Verlag in Amsterdam, in dem seinerzeit viele exilierte deutsche Schriftsteller eine Möglichkeit zu publizieren fanden). Fritz Klein wird sogar namentlich genannt, Stern hingegen in »Berg« verändert. Später wurde der Roman in *Die Geschwister Oppermann* umbenannt. Geschildert wird darin die Geschichte jüdischer Geschwister vor dem Hintergrund der Machtergreifung der Nationalsozialisten in Deutschland.

Nach dem Zweiten Weltkrieg gab es keine Juden mehr in Creglingen. Der Sohn Hermann Sterns war der letzte, der die Stadt verlassen hatte. Lange schwieg man über diese Sache. Erst Ende der 1980er Jahre begann die Auseinandersetzung mit diesem dunklen Kapitel der Stadtgeschichte. Es waren zwei Generationen nachgerückt, deren Fragen nun nicht mehr so einfach beiseitegeschoben werden konnten. 1998 brachte man am jüdischen Friedhof eine Totengedenktafel für die Opfer des Nationalsozialismus an und im Jahr 2000 wurde ein jüdisches Museum eröffnet, das sich der Geschichte der Juden in Creglingen widmet. Im Rathaus richtete man eine Gedenkstätte für die Opfer des Pogroms vom 25. März 1933 ein. Eine Broschüre, die zu einem Gang durch die Stadt einlädt, um das jüdische Creglingen kennenzulernen, ist bei der Gemeinde oder über den Buchhandel zu beziehen.

Jüdisches Leben in Tauberfranken

Um den Spuren jüdischen Lebens, das in der Zeit des Nationalsozialismus meist abrupt unterbrochen wurde, in ganz Franken zu folgen, könnte man eigene Bücher schreiben. In diesem Band wollen wir uns auf den Bereich Tauberfranken beschränken, wenngleich jüdisches Leben selbstverständlich auch in anderen fränkischen Städten zu finden war und ist. In Bamberg beispielsweise lassen sich sechs Synagogen aus der Zeit von 1470 bis 2005 ausmachen. Die siebte und aktuelle wurde am 2005 durch die Israelitische Kultusgemeinde eingeweiht. Auch in Nürnberg sind mehrere Synagogen nachzuweisen. Die erste mittelalterliche wurde während eines Judenpogroms im Jahr 1349 zerstört. Heute existieren noch zwei. Der sogenannte Nürnberger Judenstein, ein aus Sandstein gemeißelter Toraaufsatz aus dem 14. Jahrhundert, wurde über all die Jahrhunderte gerettet, während der Zeit des Nationalsozialismus versteckt und nach dem Krieg ins Städtische Museum aufgenommen. Er befindet sich heute in der Synagoge in der Johann-Priem-Straße. In Aschaffenburg wurde die Synagoge beim Novemberpogrom 1938 zerstört. Im noch erhaltenen ehemaligen Rabbinatsgebäude ist heute ein Museum jüdischer Geschichte und Kultur eingerichtet, in dem über die Verfolgung und Ermordung in der Schoah informiert wird. An den Mord an dreihundert Aschaffenburger Juden erinnert eine Gedenktafel auf dem nach dem wohltätigen jüdischen Bankier Wolfsthal benannten Platz.

Im etwa 20 Kilometer entfernten Rothenburg ob der Tauber sind ebenfalls noch zahlreiche Spuren jüdischer Geschichte zu finden.

Die mittelalterliche Judengasse in Rothenburg gilt als die einzige noch erhaltene Europas.

In der alten Reichsstadt Rothenburg ob der Tauber war jüdisches Leben über mehrere Jahrhunderte vollständig ausgelöscht.

Wie auch anderenorts, so waren Juden in der Stadt mal mehr, mal weniger geduldet. Einen harten Schnitt gab es im Jahr 1520, von dem an es Juden für lange Zeit verboten war, die Stadt zu betreten. Alle dort wohnenden hatte man zuvor vertrieben. Es dauerte 350 Jahre, bis sich Familien jüdischer Abstammung wieder in Rothenburg einfanden. Die Rothenburger warteten gar nicht bis zur Pogromnacht. Antisemitische Hetze hatte die Familien schon vorher verjagt. Es gab aber auch Zeiten, in denen jüdische Kultur in der Stadt blühte, etwa im 13. Jahrhundert, als der Rabbi Meir ben Baruch in Rothenburg lebte. Er gründete eine Schule für Talmud-Studien, die von Schülern aus ganz Europa besucht wurde.

Der Rabbi, auch Rabbi Meir von Rothenburg genannt, wurde um 1215 in Worms geboren und starb am 2. Mai 1293 in

Wasserburg am Inn. Bevor er nach Rothenburg kam und dort viele Jahre blieb und lehrte, studierte und lebte er in Würzburg, Mainz und Paris. Nach der Pariser Talmudverbrennung im Jahr 1242 schrieb er ein Trauerlied, das bis heute noch in den Synagogen gesungen wird. 1276 kehrte er nach Worms zurück, nachdem sein Vater gestorben war. Als im Jahr 1286 die jüdischen Gemeinden erneut mit hohen Steuern belegt wurden, kam es zu einer Auswanderungswelle nach Palästina. Auch Rabbi Meir schloss sich mit seiner Familie an, wurde aber noch vor den Alpen verhaftet. Er sollte nach Zahlung eines hohen Lösegeldes freigelassen werden, was er aber selbst verweigerte, weil er keinen Präzedenzfall schaffen wollte. In Wasserburg am Inn starb Rabbi Meir im Jahr 1293 in Gefangenschaft. Der Kaufmann Alexander Ben Salomon Wimpfen löste den Leichnam im Jahr 1307 gegen eine beträchtliche Summe aus und sorgte dafür, dass die sterblichen Überreste des Rabbis auf dem jüdischen Friedhof in Worms beigesetzt wurden.

In Rothenburg erinnert eine Bronzetafel am Kapellenplatz Nr. 5 an Rabbi Meir ben Baruch. Bis 1520 war dieser Platz der Mittelpunkt jüdischen Lebens gewesen, so befanden sich dort u. a. auch die Synagoge und ein Festsaal. Nach der Vertreibung der Juden im Jahr 1520 wurden die Synagoge und der Friedhof zerstört. Die »Judengasse« erinnert jedoch noch an diese Zeit. Sie ist die einzige erhaltene spätmittelalterliche Judengasse Europas. Im Haus Nr. 10 gibt es eine erhaltene Mikwe, ein jüdisches Ritualbad. Allerdings ist es nicht für die Öffentlichkeit zugänglich. Ein Nachbau befindet sich im Reichsstadtmuseum, in dem eine Judaica-Abteilung zu besichtigen ist. Diese enthält auch andere Exponate – z. B. Grabsteine aus dem 13. und 14. Jahrhundert sowie Ritualgegenstände. Am heutigen Schrannenplatz lag der ehemalige Judenfriedhof, der ab 1520 in einen christlichen umgewandelt wurde. Jüdische Gräber und deren Inhalte entfernte man. Die Umbenennung des »Judenkirchhofs« in »Schrannenplatz« fand erst 1958 statt.

Auch andere Gemeinden Tauberfrankens, die Tauber stromaufwärts – etwa Weikersheim und dort besonders der Ortsteil Laudenbach – haben eine Geschichte jüdischen Lebens aufzuweisen, die durch mehr oder weniger starke Brüche gekennzeichnet ist. An vielen Stellen sind Gedenksteine aufgestellt

Auch in Bad Mergent-heim erinnern Tafeln an das frühere jüdische Leben dort.

oder Tafeln angebracht. Eine der aktivsten jü-dischen Gemeinden hatte wohl Bad Mergent-heim. Im Jahr 1933 wurden dort 196 jüdische Einwohner gezählt, von denen aber auf Grund der Repressalien und des wirtschaftlichen Boy-kotts ein Großteil abwanderte. 1939 gab es noch 61 jüdische Einwohner in der Kurstadt.

Eine bekannte Persönlichkeit in Bad Mergentheim war Si-mon Baruch (1722–1802), der zunächst Geschäftsagent bei der Deutschordens-Komturei in Neckarsulm war, bis ihn der Groß-meister nach Bad Mergentheim berief. Er wurde dann Finanz-agent des kölnischen Kurfürsten in Bonn. Sein Sohn, Jacob Baruch (1763–1827), war Bankier und außerdem politischer Repräsentant der israelitischen Gemeinde Frankfurt. Er war der Vater von Juda Löb Baruch (1786–1837), der sich später bei seiner Konvertierung zum evangelischen Christentum in Carl Ludwig Börne umtaufen ließ. Die Familie Fechenbach wieder-um zog bereits um die Jahrhundertwende nach Würzburg. Ihr entstammte Felix Fechenbach (1894–1933), der als Journalist und Sekretär des bayerischen Ministerpräsidenten Kurt Eisner

in München bekannt wurde. Durch einen Justizskandal kam er von 1922 bis
1924 ins Zuchthaus, wurde aber später
rehabilitiert. Er arbeitete in Berlin u. a.
für den *Vorwärts* und war ab 1929 für die

Detmolder SPD-Zeitung tätig. Dabei brachte er die NSDAP so
gegen sich auf, dass er später in Schutzhaft genommen und
anlässlich einer Umverlegung in einem Wald in der Nähe von
Paderborn ermordet wurde. Hermann Fechenbach (1897–
1986), ein weiterer Spross der Familie, war ein Künstler, der
1939 emigrierte, ab 1944 in London lebte und dort auch starb.
Er ist der Verfasser des Buches *Die letzten Mergentheimer
Juden*. Seine eindringlichen Holzschnitte sind im Deutschordensmuseum – das auch seinen Nachlass verwaltet – zu sehen. In Unterbalbach, einem Stadtteil von Lauda-Königsho-
fen, befindet sich ein großer jüdischer Friedhof. Mehr als 1 300
Grabsteine sind dort heute noch vorhanden; der älteste
stammt von 1798. Bestattungen wurden aber noch bis 1945
vorgenommen. Dieser Friedhof diente lange den Juden aus
der ganzen Umgebung (bis nach Weikersheim) als Begräbnis-

stätte. Er ist heute abgeschlossen, über die Stadtverwaltung kann aber eine Besichtigung vereinbart werden. Ähnlich wird es mit dem jüdischen Friedhof in Tauberbischofsheim und anderen kleineren in der weiteren Umgebung gehalten.

Auch die Tauberbischofsheimer haben für die Zeit des Nationalsozialismus viel Unrühmliches aufzuweisen. Juden trieb man zum »Säubern« in den Mühlbach, in der Kristallnacht 1938 wurde die Inneneinrichtung der Synagoge zerschlagen und auf dem Marktplatz verbrannt. Kurz vor seinem Abtransport in das Konzentrationslager beging der Tauberbischofsheimer Alfred Rosenbaum auf dem Bahnhof Selbstmord. An den Stadteingängen prangten nach 1934 Schilder, auf denen zu lesen stand »Juden unerwünscht«; nach 1940 wurden sie von solchen mit der Aufschrift »Judenfrei« abgelöst. Auch in dieser Stadt hat es lange gedauert, bis eine Aufarbeitung dieses Unrechts begann, und noch heute hängt am Marktplatz eine Gedenktafel für den Komponisten Richard Trunk, der Texte von Baldur von Schirach vertont und seine Dienste als Komponist und Dirigent in den Dienst des Nationalsozialismus gestellt hatte. Seit 1981 erinnert eine Tafel im Foyer des Rathauses aber auch an die 35 jüdischen Mitbürger, die in der Schoah ermordet wurden.

In Wenkheim, einem Ortsteil von Werbach, befindet sich eine Synagoge, die vom Verein zur Erforschung Jüdischer Geschichte und Pflege Jüdischer Denkmäler im Tauberfränkischen Raum e. V. gepflegt wird. Es finden dort regelmäßig kulturelle Veranstaltungen statt. Geplant ist die Einrichtung eines Museums zur jüdischen Geschichte und zum Brauchtum.

An der Mündung der Tauber in den Main liegt Wertheim. Jüdisches Leben ist dort seit dem frühen 13. Jahrhundert nachweisbar. Der jüdische Friedhof wurde 1406 angelegt und ist der älteste noch erhaltene in Baden. Die ehemalige Synagoge existiert nicht mehr. Dafür wurde ein Gedenkort geschaffen.

Die Vergangenheit war schrecklich genug – wir sollten daraus gelernt haben. Vieles ist aufgearbeitet, aber vergessen werden darf es nicht. Erinnerungen zu bewahren hilft aber allein nicht. Täglich muss den Tendenzen, die in der Vergangenheit zu solchen Verbrechen geführt haben, entgegengetreten werden. Entschieden und ohne Zögern.

מה־טבו אהליך יעקב משכנתיך ישראל ...

An der Stelle der ehemaligen Wertheimer Synagoge findet sich heute ein Gedenkort.

לזכר ק"ק ורטהײם

Der jüdische Friedhof in Unterbalbach bewahrt noch viele Grabsteine aus drei Jahrhunderten.

Weiße Lerchen im Taubergrund

Das Kloster des heiligen Bernhard von Clairvaux und andere fränkische Klöster

Klöster sind heutzutage wieder interessant, nicht nur für diejenigen, die sich verpflichten möchten. Auch wenn immer wieder zu hören ist, dass es um Nachwuchs im Klosterwesen schlecht bestellt ist: Eine Hinwendung zum geistlichen Leben gibt es immer wieder, wenn auch nicht immer so medienwirksam wie im Falle des ehemaligen Soldaten Bruder Longinus Beha, der vor ein paar Jahren nach seinem Einsatz in Afghanistan in das Kloster Beuron eingetreten ist.[1] Wallfahrten Gläubiger finden immer noch statt, das Pilgern scheint an Renommee zu gewinnen. Andere Menschen wiederum suchen in Klöstern die Stille und probieren Kontemplation und Arbeit im Kloster auf Zeit aus. Auch der ganz normale Klosterbesuch zwecks Besichtigung ist beliebt. Nicht zuletzt darf die Gastronomie nicht unerwähnt bleiben, die in manchen Klöstern gepflegt wird.

Ein paar der fränkischen Klöster sollen hier vorgestellt werden.

Kloster Bronnbach

Als der heilige Bernhard in Wertheim war, zeigte er nach einer Wildnis des Taubertals und sprach: »Auch dort wird ein Kloster meines Ordens gegründet werden!« Diese Weissagung ging noch zu seinen Lebzeiten in Erfüllung. Einige Edelleute hatten beschlossen, ein Bernhardinerkloster zu stiften, und als sie dazu im Taubertal einen Platz suchten, sahen sie aus jener Wildnis zwei – manche sagen: drei – weiße Lerchen aufsteigen. Hierin erkannten sie einen Fingerzeig

---

1   Bruder Longinus Beha: *Ab morgen Mönch: Ein Afghanistansoldat geht ins Kloster*, Freiburg i. Br. 2011.

Rückansicht der Kirche des Klosters Bronnbach.

Prälatur und Rosengarten des Klosters Bronnbach.

Gottes und bauten an der Stelle die Abtei Bronnbach. Diese nahm in ihr Wappen eine der Lerchen auf, welche von den Händen des Jesuskindes, das auf seiner Mutter Schoß sitzt, gehalten wird.

Horst-Dieter Radke: *Sagen & Legenden aus Franken*, Rheinbach 2014.

Bernhard von Clairvaux (um 1090–1153) war einer der bedeutendsten Mönche des Zisterzienserordens und für die Ausbreitung desselben in ganz Europa verantwortlich. Kein Kloster der Bernhardiner, wie die Sage erzählt, sondern eines der Zisterzienser entstand Mitte des 12. Jahrhunderts dort im Taubertal. Es überdauerte den Bauernaufstand, den Dreißigjährigen Krieg und die Säkularisation. Der letzte Bronnbacher Zisterzienser starb 1859 als Stadtpfarrer von Miltenberg, der letzte Abt kehrte in seine Geburtsstadt Bamberg zurück. Erst 1921 kamen wie-

◀ *Blick vom*
Refektorium auf
das Bursariat.

Schalenbrunnen ▶
im Hof vor
dem Refektorium.

der deutschsprachi-
ge Zisterzienser aus
Slowenien in die Ab-
tei, 1931 folgten ih-
nen Kapuziner. Heu-
te ist das renovierte
Kloster Eigentum des
Main-Tauber-Kreises.
Abteikirche, Orange-
rie und Gärten sind
einen Besuch wert.
Das Kloster ist inzwi-
schen ein gern besuchter Ort für Veranstaltungen in den Bereichen Kultur und Wissenschaft.

Nähert man sich der Klosteranlage, fällt zunächst die
Orangerie ins Auge, vor der heute ein Kräutergarten angelegt
ist. Sie wurde um 1775 für frostempfindliche Pflanzen gebaut.
Die gebogene Vorderfront diente als Sonnenfang. Das barocke Fresko darauf zeigt allegorische Darstellungen. Inzwischen
wird die Orangerie als Speisesaal benutzt. Beachtenswert ist
auf jeden Fall die Abteikirche. Mit dem Bau wurde im Jahr
1157 begonnen, geweiht wurde die Kirche allerdings erst 1222,
weil es immer wieder zu Unterbrechungen der Arbeiten kam.
Der spätromanische, frühgotische Kirchenbau ist dreischiffig.
Nach dem Dreißigjährigen Krieg wurde der Innenraum neu
ausgestattet. Er erhielt 13 barocke Altäre, die bis heute erhalten sind. Das Chorgestühl stammt aus dem 18. Jahrhundert
und ist in zwei gegenüberliegenden Reihen angeordnet. An
den Kreuzgang des Klosters schließt sich das zweistöckige
Refektorium an. Im oberen Stock liegt der Josephsaal, den

Stuck, Decken- und Wandfresken sowie Gemälde schmücken und der offensichtlich der Repräsentation diente. Hinter dem Refektorium befindet sich das ehemalige Spital, in dem heute der Archivverbund Main-Tauber untergebracht ist. Nördlich der Kirche liegt der Abteigarten. Im Refektorium kann man nicht nur Führungen buchen, sondern zudem in einer Vinothek Wein aus der Region Tauberfranken probieren und kaufen.

Kloster Banz

Nahe der Stadt Bad Staffelstein, nördlich von Bamberg, liegt Kloster Banz. Es wurde um 1070 als Benediktinerabtei gegründet und im Dreißigjährigen Krieg zerstört. Die Arbeiten zum Wiederaufbau begannen erst im Jahr 1698. *Kloster Banz bei Bad Staffelstein.* Verantwortlich dafür waren die Brüder Dientzenhofer, die den Neubau im Stil des süddeutsch-böhmi-

schen Barocks errichten ließen. Der Innenraum der Kirche ist nicht eckig, sondern aus Ellipsen gestaltet. Nachdem das Kloster 1803 im Zuge der Säkularisation aufgelöst wurde, erwarb 1814 Herzog Wilhelm in Bayern die ehemalige Klosteranlage. Seit 1978 besitzt die Hanns-Seidel-Stiftung das Kloster und führt es als Tagungsstätte. Eine umfangreiche Sammlung von Petrefakten – Versteinerungen –, aber auch andere Ausstellungen, können dort besichtigt werden. Größeren Bekanntheitsgrad hat das Kloster durch die jährliche Veranstaltung »Songs an einem Sommerabend«, die auf den Klosterwiesen stattfindet, erhalten. Die Crème de la Crème der deutschen Liedermacher sowie internationale Songwriter sind an zwei Tagen dort zu hören und zu sehen.

Kloster Vogelsburg

In der Nähe der Stadt Volkach, nordöstlich von Würzburg, liegt – inmitten der fränkischen Weinberge – das Kloster Volkach. Es besteht seit dem 13. Jahrhundert und wurde von Graf Hermann zu Castell gestiftet. Volkach war eines der ersten Karmelitenklöster in Deutschland.

Die Gründung des Ordens der Brüder der allerseligsten Jungfrau Maria vom Berge Karmel lässt sich ungefähr auf das Jahr 1150 datieren, der Name stammt vom Karmelgebirge im Heiligen Land. Die ersten Brüder lebten asketisch als Eremiten und sahen den Propheten Elija als ihr Vorbild an. Anfang des 13. Jahrhunderts gab ihnen der Patriarch von Jerusalem eine Ordensregel. Das Vorrücken der Muslime zwang die Karmeliten 1238 jedoch zur Auswanderung nach Europa. Bereits im 13. Jahrhundert schlossen sich auch Frauen dem Orden an. Dieser spaltete sich im 16. Jahrhundert auf: in die Karmeliten und Karmelitinnen von der alten Observanz (auch Beschuhte genannt) einerseits und die Unbeschuhten Karmeliten und Karmelitinnen (auch Barfüßer) andererseits. Beide Orden bestehen noch heute.

Das Karmelitenkloster Vogelsburg hatte eine wechselvolle Geschichte. Bis zum 16. Jahrhundert wurde es von eigenen Prioren geleitet, danach von denen des Barbaraklosters in Würzburg mitverwaltet. Nach der Säkularisation zu Beginn des

*Kloster Vogelsburg liegt
inmitten der mainfränkischen
Weinlandschaft.*

19. Jahrhunderts hatte das Kloster wechselnde Besitzer. Der letzte nutzte es als Ausflugslokal, das später von seiner Tochter weitergeführt wurde. Allerdings plante diese eine Neueinrichtung des Klosters, was 1957 durch einen Erbpachtvertrag mit der Gemeinschaft der Augustinusschwestern umgesetzt wurde. Im Jahr 2010 übernahm die Stiftung Juliusspital Würzburg das Kloster und ließ es von November 2013 bis Juli 2015 umbauen.

Kloster Vogelsburg liegt auf einem Bergrücken, direkt über der Volkacher Mainschleife. Von dort hat man einen schönen Ausblick auf den Main und das Umland. Ein Ausflug zur Anlage ist sehr empfehlenswert, zumal sie von Würzburg und Schweinfurt aus gut zu erreichen ist.

Kloster Schönau

In der Nähe von Gemünden am Main, am Ufer der Fränkischen Saale, liegt das Kloster Schönau. Zisterzienserinnen gründeten es gegen Ende des 12. Jahrhunderts. Im Markgräflerkrieg 1553/54 erlitt es große Schäden und die Insassinnen wurden vertrieben. Die Äbtissin kehrte zwar mit wenigen Nonnen zurück, doch konnten sie das Kloster nicht mehr halten und übergaben es dem Bistum Würzburg. Mehr als hundert Jahre lang passierte jedoch nichts. Erst 1699 übernahmen Franziskaner-Minoriten das Kovent von Würzburg aus. Kloster und Klosterkirche mussten neu errichtet werden. Eine Aufwertung erhielt Schönau durch die Gabe von Reliquien der heiligen Märtyrer Viktoria und Antonius direkt aus Rom. 1796 wurde das Kloster durch französische Truppen geplündert, wenige Jahre später im Zuge der Säkularisation aufgelöst. Ein Mönch, Bruder Totnan Scheck (1761–1847), blieb allem zum Trotz vor Ort, widersetzte sich jedem Umsiedlungsversuch und erreichte dadurch den Erhalt des Klosters. König Ludwig I. gestattete schließlich dessen Neubelebung im Jahr 1843. 1975 wurde der Wohnbereich an der Nordseite der Kirche neu gebaut, 2004 kam ein Pilgerheim hinzu.

Pilgergruppen kommen von Mai bis Mariä Himmelfahrt, weil Schönau eine Station auf dem Fränkischen Marienweg darstellt. Aber da es auch wiederum keine Pilgermassen an-

zieht wie beispielsweise das Kloster auf dem *Aufgang zur Kloster-* Kreuzberg, ist es ein lohnendes Ausflugsziel *kirche Schönau.* vom Frühjahr bis in den Herbst hinein. Auch Hochzeitspaare haben die schöne Klosterkirche für sich entdeckt und lassen sich dort trauen. Die sonntäglichen Predigten werden von Gläubigen aus der weiteren Umgebung – Lohr, Hammelburg oder Gemünden – besucht.

Karmelitenkloster Bamberg

An der Stelle, an der es schon um das Jahr 1000 ein Hospital für Arme und Kranke gegeben haben soll, ließ Bischof Eberhard II. von Bamberg im Jahr 1157 das Frauenkloster St. Maria und St. Theodor errichten. Das geschah nicht grundlos. Ein Jahr zuvor war der Pfalzgraf Hermann von Höchstadt-Stahleck wegen Landfriedensbruchs mit der Strafe des öffentlichen Hundetragens belegt worden, die besonders in Franken üblich war. Das hatte den Pfalzgrafen so mitgenommen, dass er Frau und Kinder verließ und in Kloster Ebrach ein einfacher Zisterziensermönch

Karmelitenkloster und Klosterkirche am Kaulberg.

wurde. Seine Frau ging daraufhin ebenfalls ins Kloster nach Wechterswinkel in Unterfranken. Im folgenden Jahr, 1157, starb der Pfalzgraf. Seine Frau stiftete nun seinen Besitz zur Klostergründung. Sie selbst kam mit einigen anderen adeligen Nonnen nach Bamberg zurück. Im Bauernkrieg wurde das Kloster 1525 geplündert, 1554 dann aufgelöst. Ein paar Jahrzehnte später, 1589, kamen Karmelitinnen und belebten es neu. In der Folge erlangte es durch seine Bibliothek Bekanntheit über Bamberg hinaus. Bereits 1593 wurde für die umfangreichen Bestände ein Neubau notwendig. Der Baumeister Leonhard Dientzenhofer (1660–1707) barockisierte Anfang des 18. Jahr-

Klosterkirche am Kaulberg – Blick zum Hochaltar.

Der Benediktushof in Holzkirchen befindet sich auf dem Gelände eines ehemaligen Benediktinerklosters.

hunderts die Klosterkirche. Weitere Neubauten entstanden, Altes wurde erneuert und in der Bibliothek schuf der Rokoko-maler Johann Anwander (1715–1770) um 1755 ein neues Deckengemälde. Im Zuge der Säkularisation wurde löste man auch dieses Kloster wieder auf. Teilweise wurde das Gebäude grob verändert, wurden Realien versteigert, Einrichtungsgegenstände auf andere Kirchen verteilt. Das Kloster war in der Folge Lazarett, Schulhaus und Kaserne. Karmeliten aus Straubing erwarben 1902 den Komplex und seither dient er wieder als Kloster, welches heute zudem ein humanistisches Gymnasium, Kolleg und Seminar betreibt.

Benediktushof

Der Benediktushof in Holzkirchen ist in diesem kleinen Ort nicht schwer zu finden, weil die von Balthasar Neumann entworfene Rundkirche ein deutliches Zeichen setzt.

Wo heute der Benediktushof steht, befand sich ehemals ein Benediktinerkloster, dessen Gründung auf die Zeit Karls des Großen zurückgeht. Es gehörte zur Reichsabtei Fulda, unterstand aber der Vogtei der Grafen von Wertheim. Im Zuge der Reformation wurde es aufgehoben. Fürstbischof Julius Echter vereinnahmte das Kloster 1612 für das Hochstift Würzburg, kaum zwei Jahrzehnte später vertrieben die Schweden die Mönche jedoch wieder. 1759 errichtete Ferdinand Zobel von Giebelstadt erneut ein Klosterkonvent, das bis zur Säkularisation im Jahr 1802 bestand. Es gehörte in der folgenden Zeit wechselnden Besitzern und stand ab 1995 leer. Im Jahr 2002 erwarb es eine deutsche Unternehmerin und stellte es Willigis Jäger zur Verfügung, einem bekannt gewordenen Benediktinermönch. Jäger, Jahrgang 1925, mit dem Zen-Namen Kyo-un Rōshi, ist auch Zen-Meister. Er trat 1946 in die Abtei Münsterschwarzach ein und wurde nach einem Studium der Philosophie und Theologie im Jahr 1952 zum Priester geweiht. Auf Reisen in die Dritte Welt und nach Asien kam er erstmals mit Zen in Kontakt, übte sich ab 1969 in Japan darin und erhielt 1980 die Erlaubnis, Zen zu lehren. Jäger leitete das Meditationszentrum St. Benedikt in Münsterschwarzach bis zum

Der Zen-Garten auf dem Benediktushof lädt zur Kontemplation ein.

Jahr 2001. 2003 übernahm er dann die Leitung des Bildungshauses Benediktushof in Holzkirchen. 2007 zog er sich zurück und übergab dieses Amt an Doris Zölls und Alexander Poraj.

Auf dem Benediktushof werden Veranstaltungen zu religiösen und spirituellen Themen angeboten. Im Rahmen einer Akademie finden auch Seminare für Führungskräfte statt. Kontemplation und Zen spielen dabei eine zentrale Rolle. Entsprechend ist ein Zen-Garten auf dem Hof zu finden, außerdem gibt es ein vegetarisch-veganes Restaurant.

Das Kreuzrippengewölbe der Unterkirche in der Klosterkirche Frauental.

Kloster Frauental und die Mumie

In Frauental findet man noch Reste eines gleichnamigen ehemaligen Zisterzienserinnenklosters, das dann im Bauernkrieg zerstört wurde. Erhalten sind der Südflügel des Konvents, in dem ein Modellprojekt für den Jugendstrafvollzug geführt wird, und die Klosterkirche. Sie stammt aus der Übergangszeit von der Romanik zur Gotik. Im Kirchengebäude gibt es eine Oberkirche und eine Unterkirche. Letztere diente als Grablege der Herren von Hohenlohe-Brauneck. Über dem Altarbogen

Das Kloster Michelsberg in Bamberg.

sind noch alte Fresken zu sehen. Die Oberkirche wurde als Gottesdienstraum genutzt. Auf der ehemaligen Nonnenempore ist eine Dauerausstellung mit dem Thema »Vom Kloster zum Dorf« zur Geschichte von Frauental eingerichtet.

Interessant sind drei Leichname, die durch natürliche Einflüsse mumifiziert wurden. Man fand sie 1879, und somit können die sterblichen Überreste des Amtmannes Georg Ch. Meyer, seiner Frau und ihres Kindes heute noch besichtigt werden.

Und was es sonst noch gibt

Das Kloster auf dem Kreuzberg wurde schon genannt (siehe S. 67). Erwähnt werden sollte jedoch noch, dass die Franziskaner auf dem Kreuzberg seit 1731 eine Brauerei betreiben. Bis

1920 wurde das Bier kostenlos an die Pilger abgegeben. Es rentierte sich trotzdem, weil die Pilger unaufgefordert ein Biergeld neben dem leeren Bierkrug hinterließen. Erst seit dies nicht mehr als selbstverständlich angesehen wurde, gibt es Bier nur noch gegen Entgelt. Der jährliche Ausstoß beträgt inzwischen rund 8 500 Hektoliter.

Das Bamberger Kloster Michelsberg wurde von Benediktinern im 11. Jahrhundert gegründet. Im Zuge der Säkularisation nahm die Stadt Bamberg das Kloster 1802 in seinen Besitz. Die Mönche mussten das Kloster verlassen, die Klosterbibliothek wurde in die 1803 gegründete Kurfürstliche Bibliothek (heute: Staatsbibliothek Bamberg) überführt. Auf Bitten der Bürgerschaft verlegte man Ende 1803 die Spitäler aus der Innenstadt auf den Michelsberg. Noch heute befindet sich dort das Bürgerspital, das nun allerdings als Seniorenheim genutzt wird.

Was macht der Reiter im Dom?

Dome und Kirchen in Franken

In den alten Städten sind es die Kirchen und Dome, die das Stadtbild überragen und markante Orientierungspunkte setzen. Gerade in der Gotik gab es ja den Trend, die Kirchtürme und Kuppeln so hoch hinaus zu bauen wie nur irgend möglich – gemäß der Vorstellung, dem Himmel entgegenzubauen und »göttliches Licht« durch bunte Scheiben in die Innenräume der Gotteshäuser symbolisch und real einströmen zu lassen. In modernen Städten ist dieser Trend – nun nicht mehr religiös begründet – auf Wohn- und Geschäftshäuser übergegangen. Wolkenkratzer dominieren beispielsweise die Skyline in Frankfurt. Insbesondere die Banken sind es, die durch spektakuläre Türme auf die Dominanz der Finanzwirtschaft über die moderne Gesellschaft hinweisen. Dieses Kapitel beschäftigt sich jedoch mit den Türmen der Dome in den alten Städten, die eine noch längst nicht vergangene Kultur repräsentieren.

Der Bamberger Dom

Kaiser Heinrich II. war es, der im Jahr 1004 den Grundstein für den späteren Dom legte. Acht Jahre später fand die Weihe des ersten Gotteshauses statt, ein Datum, das man sich in Bamberg zu eigen machte, um beispielsweise im Jahr 2012 eine 1 000-Jahr-Feier zu organisieren. Aber dieser erste Dom war nicht mit Glück gesegnet. 1081 brach ein Großfeuer aus. Ein zweiter Brand, hundert Jahre später, machte den kompletten Abriss des Gebäudes erforderlich, welches aber wieder erbaut wurde. 1237 fand dann die Weihe dieses neuen Doms statt – eine Jahreszahl, auf die man sich 1987 für eine 750-Jahr-Feier berief. Man sieht: Gefeiert wird immer gern und ein Anlass dazu lässt sich schon finden. Im 17. Jahrhundert gestaltete man den romanischen Dom nach und nach um und verpasste ihm barocke Elemente. Im 19. Jahrhundert fand dann auf Initiative des bayerischen Kö-

nigs Ludwig I. eine Rückbesinnung statt, die in eine Stilbereinigung (Purifizierung) mündete.

Die vier Türme des Bamberger Doms prägen das Stadtbild.

Im Zweiten Weltkrieg ist Bamberg verhältnismäßig glimpflich davongekommen. Es heißt, es besitze die größte unzerstörte Altstadt Deutschlands. Insbesondere die Sakralbauten – auch der Dom – sind ohne nennenswerte Schäden erhalten geblieben. Einzig die Laurenzikapelle des Antoni-Siechhofes wurde zerstört. Ein Neubau entstand 1954. Die Bamberger Altstadt gehört seit 1993 zum Weltkulturerbe – diesen Status genießt in Franken ansonsten nur noch die Würzburger Residenz mit Hofgarten und Residenzplatz. Der Bamberger Reiter ist das bekannteste Objekt im Dom und eines der Wahrzeichen der Stadt. Er stammt aus der ersten Hälfte des

Wen genau der Bamberger Reiter darstellen soll, weiß man bis heute nicht.

13. Jahrhunderts und das ist eigentlich auch schon fast alles, was man über ihn weiß. Weder der Schöpfer ist bekannt noch die Identität des dargestellten Reiters. Forschungen haben ergeben, dass der jetzige Standort – auf einer Konsole am Nordpfeiler des Georgenchors – auch der ursprüngliche Aufstellungsort gewesen sein könnte. Der heutige sandsteinfarbene Reiter soll bei seiner Aufstellung bemalt gewesen sein: der Sockel grün, das Pferd weiß und braun gefleckt, Kleid und Umhang des Reiters rot, Stiefel braun, Krone, Sporen und Gürtel vergoldet.

Mit der Deutung tun sich die Gelehrten aber schwer. Ein Reiter im Dom an sich ist so ungewöhnlich nicht, kommt aber auch nicht zu häufig vor. In Magdeburg, Mailand und Lucca sind ebenfalls solche zu finden. Wen der Reiter darstellen soll, ist, wie gesagt, ungewiss. Einige vermuten darin den heiliggesprochenen König Stephan I. (969–1038). Andere Philipp von Schwaben (1177–1208) oder Konrad III. (1093–1152). Es gibt eine Staufer-, eine Messias- und eine Universal-Theorie. Letztere sieht in der Skulptur eine symbolische Abbildung der gesamten Welt: Der Dämon auf der Konsole stelle die Unterwelt dar, darüber befindet sich die Pflanzenwelt. Das Pferd stehe für die Tierwelt, der Reiter für den Menschen und der Baldachin symbolisiere die Stadt Jerusalem und damit den Himmel.

Kaiser Heinrich II. (973–1024), der Stifter des Domes, ist in diesem selbst mehrfach zu finden. Etwa beim südwestlichen Turm

Im sogenannten Riemenschneideraltar bildet Heinrich II. die Mittelfigur.

an der Gnadenpforte, die auch Marienpforte genannt wird. Das Bild im Bogen zeigt auf der linken Seite den Kaiser und seine Frau Kunigunde. Bei dem ebenfalls im Dom befindlichen und nach dem vermutlichen Schöpfer einer seiner Skulpturen benannten Riemenschneideraltar stellt die größere Figur in der Mitte Heinrich II. dar, daneben sind die Märtyrer Sebastian und Stephan zu sehen. Es ist aber besonders das Kaisergrab, das im Bamberger Dom an Heinrich und Kunigunde – beide übrigens heiliggesprochen – erinnert. Gestaltet wurde auch dieses von Tilman Riemenschneider, von 1499 bis 1513, also fünf Jahrhunderte nach Heinrichs Tod. Man weiß nicht einmal genau, ob dessen Frau tatsächlich auch darin liegt. Auf den Seitenwänden sind Legenden aus dem Leben des Kaiserpaares abgebildet: die Feuerprobe; das Pfennigwunder (die Szene zeigt Kunigunde, wie sie persönlich den Lohn an die Handwerker auszahlt, von denen einer, der mehr Geld wollte, sich an einem glühenden Pfennig verbrannte); Heinrich auf dem Sterbebett; die Seelenwägung durch den Erzengel Michael und andere.

Ein andermal sorgte der Teufel dafür, dass die Kaiserin bezichtigt wurde, mit einem Herzog ein Verhältnis zu haben. Er trat in Gestalt eines Ritters aus dem Gemach der Kaiserin, so als habe ein heimlicher Geliebter sie verlassen. Johannes von Trumbach, selbst in Liebe zu Kunigunde entbrannt, doch von der Keuschen verschmäht, hinterbrachte dem Kaiser dieses Gerücht. Dieser stellte seine Frau zur Rede. Kunigunde war sich ihrer Unschuld bewusst und forderte deshalb ihr Recht ein, dies beweisen zu dürfen. Im Beisein von Bischöfen und Fürsten legte man glühende Eisenstangen auf den Boden, darauf sollte die Kaiserin treten. Sie hob ihre Hände zu Gott und sprach: »Gott, du weißt wohl allein meine Unschuld. Ledige mich von dieser Not, als du tatest der guten Susanne von der ungerechten Verleumdung.« Sie trat auf die glühenden Eisen und sprach: »Sieh, Kaiser, so schuldig ich deiner bin, bin ich aller Männer.« Da fielen Heinrich und alle Zeugen vor ihr nieder.

Horst-Dieter Radke: *Sagen & Legenden aus Franken*, Rheinbach 2014.

Neben dem Kaisergrab ist auch das Grab des Papstes Clemens II. zu sehen. Es ist das einzige Papstgrab nördlich der Alpen. Eine Reihe von Bischöfen wurde ebenfalls hier bestattet. Unter den Altären findet sich auch ein von Veit Stoß gestalteter – Stoß war wie Tilman Riemenschneider ein Nürnberger Bildhauer und -schnitzer der Spätgotik. Insgesamt ist die Ausstattung des Bamberger Doms so vielfältig, dass man gut daran tut, sich einer Führung anzuschließen.

Der Würzburger Dom und die Marienkapelle

Das Würzburger Stadtbild ist ebenfalls stark von den Kirchen geprägt. Schon aus der Ferne, etwa von einer Mainbrücke aus, sieht man die Türme und Kuppeln hoch über die Häuser ragen. Zwei dieser Sakralbauten sollen in diesem Kapitel etwas näher betrachtet werden.

Kirchtürme und Kuppeln dominieren das Würzburger Stadtbild.

Der romanische St. Kiliansdom in Würzburg mit der Schönbornkapelle.

Der St. Kiliansdom ist die Bischofskirche des Bistums Würzburg und dem Stadtheiligen Kilian geweiht. Ebenso wie der Bamberger Dom weist er vier Türme auf. Er gilt als eines der Hauptwerke deutscher romanischer Baukunst. Kommt man zu Fuß über die Mainbrücke mit den Heiligenfiguren, läuft man geradewegs auf ihn zu. Allerdings gilt für den St. Kiliansdom der Ausspruch: Er ist auch nicht mehr das, was er einmal war.

Es gab zwei Vorläufer im 8. und 9. Jahrhundert, beide wurden durch Feuer zerstört. Den Neubau des dritten und heutigen Doms veranlasste Bischof Bruno von Würzburg (1005–1045) ab 1040. Er war der Sohn Konrads I. von Kärnten, weswegen man ihn auch als Bruno von Kärnten bezeichnet. Damit war er aber auch der Vetter des Kaisers Konrad II. Er nahm einige herausragende Aufgaben wahr, bevor er zum Bischof von Würzburg ernannt wurde. So war er von 1027 bis 1034 Kanzler für Italien und warb für König Heinrich III. um Agnes von Poitou. Bischof Bruno begleitete den Monarchen auch auf einem Feldzug, was ihm außerordentlich schlecht bekam: Während eines Aufenthalts bei der Gräfin Richlinde von Ebers-

Wenn man von der alten Mainbrücke kommt, läuft man direkt auf den Würzburger Dom zu.

83

berg brach bei einem Festmahl eine tragende Säule, sodass der Boden komplett einstürzte. Während der König nur leicht verletzt wurde, überlebte Bischof Bruno diesen Unfall nicht.

Die Seitenschiffe dieses dritten Kirchenbaus, der schon 1075 fertig gestellt worden war, gestaltete man etwa 1500 spätgotisch um. Anfang des 18. Jahrhunderts wurde der Dom im barocken Stil stuckiert. Die Bombenangriffe auf Würzburg am 16. März 1945 beschädigten ihn allerdings so schwer, dass große Teile davon Anfang 1946 einstürzten. Man baute ihn wieder auf, wie vieles andere in der arg zerstörten Stadt. Dabei beseitigte man aber einiges von der barocken Substanz und re-romanisierte den Dom. Heute ist er eine Kombination aus romanischen, barocken und modernen Elementen, wobei die romanischen Anteile nach wie vor dominieren.

Wenden wir uns nun dem zweiten Kirchenbau zu, den wir betrachten wollen. Wer zum ersten Mal auf dem Würzburger Marktplatz den rot-weißen Sakralbau aufragen sieht, denkt eher an eine große Kirche, vielleicht gar an einen Dom, und ist dann vielleicht überrascht zu hören, dass es sich um die Marienkapelle handelt. Bei dem Wort »Kapelle« hat man schnell das Bild eines kleinen Kirchleins vor Augen. Der gotische Kirchenbau in Würzburg zählt jedoch als Kapelle, weil er nicht mit pfarrkirchlichen Rechten ausgestattet ist. Die Marienkapelle ist heute eine Nebenkirche der vereinigten Pfarreien Dom und Neumünster.

Die Geschichte der Marienkapelle ist nicht ohne Makel. Eine erste Kapelle entstand an dieser Stelle Mitte des 14. Jahrhunderts nach einem Pogrom gegen die Würzburger Juden. Die Synagoge wurde niedergebrannt und an deren Stelle die erste Marienkapelle aus Holz errichtet. Im Jahr 1377 begann man mit dem Bau der jetzigen Kapelle, abgeschlossen wurde er 1479. Auch die Marienkapelle wurde beim Bombenangriff auf Würzburg schwer beschädigt und viele Kunstwerke gingen verloren. Die Renovierung dauerte bis 1961. Dabei nutzte man Überreste, soweit vorhanden, gestaltete den Innenraum aber modern. Die Kapelle enthält einige Kunstwerke aus der Riemenschneiderwerkstatt, so etwa das Grabmal des Ritters Konrad von Schaumberg und Figuren von Jesus Christus sowie die zwölf Apostel. Am beeindruckendsten sind Adam und Eva auf der rechten und linken Außenseite des Südportals. Al-

*Marienkapelle. Die Originale
der Sandsteinfiguren Adam und Eva
von Tilman Riemenschneider befinden sich
heute im Mainfränkischen Museum
auf der Marienburg.*

lerdings handelt es sich dabei nicht um die Originale, denn diese sind heute im Mainfränkischen Museum auf der Marienburg zu finden.

Was dem Besucher, vom Markt kommend, sofort auffällt, sind die vielen kleinen Lädchen, die an die Kirche angebaut wurden. Diese sogenannten Schwalbenlädle gibt es seit 1437. Sie sichern der Kirche nicht unbedeutende Mieteinnahmen.

Die Stiftskirche St. Peter und Alexander in Aschaffenburg

Begonnen wurde mit dem Bau der Stiftskirche St. Peter und Alexander im 10. Jahrhundert, genau genommen im Jahr 975. Otto, Herzog von Schwaben, setzte damit eine Initiative seines Vaters, Herzog Ludolf von Schwaben, einem Sohn Ottos I., fort. Es handelt sich somit um eine der ältesten Kirchen Aschaffenburgs. Die 1000-Jahr-Feier wurde aber schon im Jahr 1958 begangen. Papst Pius XII. erhob St. Peter und Alexander dabei in den Rang einer Basilica minor – dies ist ein besonderer Ehrentitel, der bedeutenden Kirchengebäuden verliehen werden kann. Derzeit dürfen sich 1 639 Kirchen weltweit »Basilica minor« nennen. Neben der Stiftskirche in Aschaffenburg tragen in Franken noch Vierzehnheiligen in Bad Staffelstein und der Dom St. Peter und Georg in Bamberg diese Ehrenbezeichnung.

St. Peter und Alexander liegt auf einem Hügel und überragt die Innenstadt auch heute noch. Da auch in den folgenden Jahrhunderten weiter daran gebaut wurde, findet man architektonische Elemente aus den unterschiedlichsten Stilepochen. Der Kreuzgang stammt aus der ersten Hälfte des 13. Jahrhunderts. Der älteste Teil ist das Langhaus mit seinen romanischen Pfeilerarkaden, das im 12. Jahrhundert errichtet wurde. Auch diese Kirche wurde im Zweiten Weltkrieg erheblich beschädigt. Mit dem Wiederaufbau begann man 1946. Schon ein Jahr später konnte im Langhaus wieder Gottesdienst gefeiert werden, auch wenn die Renovierungsarbeiten erst in den Folgejahren abgeschlossen wurden.

▲ Die Aschaffenburger Stiftskirche St. Peter und Alexander
vom Stiftsplatz aus gesehen.

▼ Matthias Grünewald, »Die
Beweinung Christi«, in einer
Kapelle im südlichen Seitenschiff.

Steinerne Zeugen

Bildstöcke, Kreuze, Steintafeln

Im Jahr 1625 ließ Hans Schmidt, ehrbarer Bürger und Ratsherr der Stadt Lauda, nahe der Tauberbrücke einen Bildstock aufstellen, der die Mutter Maria mit ihrem vom Kreuz abgenommenen toten Sohn zeigt. Das Motiv für diese Spende war aber nicht allein der Wunsch des frommen Stifters nach Nennung seines Namens, sondern auch die Erinnerung an ein Ereignis, das genau hundert Jahre zuvor an diesem Ort stattgefunden hatte.

Am 2. Juni 1525 fand die Schlacht von Königshofen auf dem Turmberg statt. Das schwäbische Bundesheer zog über Boxberg nach Königshofen, um die aufständischen Bauerntruppen zu treffen. 5 000 Reiter, 10 000 Soldaten zu Fuß, 42 Geschütze und 2 000 Kriegswagen sollen dieses Heer ausgemacht haben. Ihnen gegenüber standen 7 000 Bauern. Schon nach kurzer Schlacht entstand Panik im Bauernheer. Es brach auseinander und die Bauern versuchten die Flucht in alle Richtungen. Es nützte ihnen nichts. Kaum jemand entkam; 4 000 Bauern sollen erschlagen worden sein. Man suchte Verwundete und sich tot stellende Bauern auf dem Schlachtfeld und tötete auch diese. Umliegende Dörfer wurden gebrandschatzt. Lauda und Mergentheim unterwarfen sich. Viele Menschen wurden gefangen genommen und später gerichtet.

Noch am gleichen Abend enthauptete man den protestantischen Laudaer Stadtpfarrer Lienhart Beys sowie zwei weitere »Rädelsführer« nahe der Tauberbrücke. Einige Tage später köpfte man dort noch einmal acht Personen, die man in den umliegenden Dörfern gefangen genommen hatte. Der Würzburger Bischof kannte keine Gnade und wollte, dass man sah und spürte, was es bedeutete, sich gegen die Obrigkeit aufzulehnen. In Lauda vergaß man dies nicht, obwohl zunächst streng darauf geachtet wurde, dass kein größeres Aufhebens darum gemacht wurde. Als sich im Dreißigjährigen Krieg aber die Verhältnisse änderten und die Schweden eine Zeit lang die Herrschaft im Land übernahmen, ergriff man die Initiative und stellte an der Stelle der Hinrichtungen – sofern sich diese überhaupt genau bestimmen lässt – diesen Bildstock auf. Und Straßenbau und Pappelallee zum Trotz hat man ihn nicht vergessen. Er steht noch heute und ist ein steinerner Zeuge der Geschichte.

Bildstöcke

Wenn man Bildstöcke in Deutschland auch andernorts findet, so sind sie doch typisch für die Region Franken. Obwohl es Exemplare aus Holz oder Mauerwerk gibt, sind die meisten aus Stein gefertigt. Solche Bildstöcke oder Betsäulen sind seit dem Spätmittelalter bekannt. Sie wurden über die Jahrhunderte hinweg bis in das 20. Jahrhundert hinein aufgestellt. Und selbst heute werden in Franken noch hin und wieder Bildstöcke gesetzt.

Der Bildstock in Lauda erinnert noch heute an die Hinrichtungen.

89

*Bildstöcke mit Reben-
darstellungen um
die Säule nennt man
Träubelesstöcke.*

In seinem Gedicht »An das Frankenland«, das Ludwig Bechstein seiner Sagensammlung aus der Rhön und dem Grabfeld voranstellt, gibt es eine Strophe, in der die Bildstöcke erwähnt werden:

Von Bach und Quelle singt, von Kreuz und Baum,
von Bet- und Bildstock, benedeitem Raum,
von manchem Wunder uns der Sage Mund,
ausdeutend früher Zeiten Mährchentraum.

Ludwig Bechstein: *Der Sagenschatz des Frankenlandes, Erster Theil,* Würzburg 1842.

»Gebete in Stein« nennen sie die einen. Zeugnisse der Volksfrömmigkeit möchten die anderen darin sehen. Gemeint ist im Grunde stets das Gleiche. Immer gab es einen Stifter, der solch einen Bildstock errichten ließ, und immer gab es auch einen Beweggrund. Der mag darin begründet sein, dass der Stifter schon zu Lebzeiten etwas für sein Seelenheil tun wollte. Bisweilen waren es aber auch äußere Anlässe, von denen solch eine fromme steinerne Säule Zeugnis ablegen sollte. Der eingangs erwähnte Bildstock bei Lauda ist ein Beispiel dafür.

Der in gotischen Zeiten aufgekommene Brauch, solche Bildstöcke zu setzen, trug gerade in Franken besondere Blüten. Nur wenige andere Gebiete haben eine derartige Dichte an Bildstöcken aufzuweisen. Die meisten sind aus weißem oder rotem Sandstein gearbeitet. Eine Besonderheit ist der sogenannte Träubelesstock, bei dem die Säule oder der Schaft von Rebenlaub umrankt ist.

Wer sich über das Thema Bildstöcke in Franken näher informieren möchte, findet im Fränkischen Bildstockzentrum Egenhausen eine informative Dauerausstellung. Egenhausen ist ein Ortsteil von Werneck nahe Schweinfurt. Es lohnt auch, nach Bildstockwanderwegen nachzufragen. In manchen Gemeinden sind solche Wege eingerichtet und ausgezeichnet, die man mit wenig Aufwand allein, manchmal auch mit Führung, gehen kann. Ein Beispiel dafür ist der Bildstockwanderweg in Bad Bocklet zwischen Bad Kissingen und Bad Neustadt. Bei Eisenheim nördlich von Würzburg wurde ein

Bildstockwanderweg an der beginnenden Mainschleife durch eine reizvolle Landschaft geführt. Diese Wanderung ist nicht nur der Bildstöcke wegen sehr empfehlenswert.

Um manchen Bildstock ranken sich Sagen und Legenden. Viele davon sind von den fleißigen Märchen- und Sagensammlern des 19. Jahrhunderts aufgezeichnet worden. Einige haben sich aber auch nur regional erhalten, wurden und werden von Heimatforschern neu entdeckt. Eine Bildstocksage findet sich auch in dem schon erwähnten Werk von Ludwig Bechstein:

Die Maid von Sodenberg und der Bildstock

Auf dem Sodenberge bei Hammelburg stand vor alten Zeiten auch ein Schloss. Darin wohnte eine Zofe, die mit einem Knappen vom Schloss Reussenberg, von dem heute ebenfalls nur noch Trümmer stehen, ein heimlich Einverständnis hatte. Sie besuchte ihn manche Nacht oder er sie. Doch da der Weg einer halben Stunde von einer Burg zur andern zu weit schien und den Liebenden wenig Zeit zu ihrer Kurzweil blieb, so wünschte die Maid durch die Luft fahren zu können, hinüber auf den Reussenberg zu ihrem Buhlen.

Da trat ihr der böse Feind nahe, verlockte sie, dass sie einen Pakt mit ihm machte, kraft dessen er sie, so oft sie wollte, in Gestalt eines schwarzen Bockes durch die Lüfte tragen musste. Da nun der Pakt um war, wollte der Böse seine Beute mit sich führen. Da klammerte sich aber die Maid verzweiflungsvoll an einen Bildstock an, der dort noch heute steht, und griff so fest in den Stein, dass die Spur ihrer zehn Finger noch daran zu sehen ist. Doch war alles vergebens. Die dem bösen Feinde verfallene Frevlerin ward hinweggeführt. Der Bildstock trug früher eine Steintafel, auf welcher diese Mähr abgebildet war; die Zeit hat aber das Bild vernichtet. Nur der Eindruck der zehn Finger ist noch sichtbar, und wunderbar ist's, dass alle Hände, große oder kleine, genau in die zehn Finger passen, was von den Vorübergehenden oft probiert wird.

Eine besondere Variante sind die Bildhäuslein. Das sind Bildstöcke, die aus einer Säule mit Nische bestehen, in die Heiligenfiguren gesetzt oder einge-arbeitet sind. In anderen Gegenden werden sie auch als »Schöpflöffel« bezeichnet, weil diese Art Bildstock grob an einen Löffel erinnert.

Dieses Bildhäuslein in Holzkirchen bei Würzburg hatte Michael Amers-bach 1755 zu Ehren des Erzengels Michael errichten lassen.

Geleitstein zwischen dem »hohen Stift Würzburg und dem hochlöblichen Teutschen Orden« bei Löffelstelzen.

Nicht alles, was wie ein Bildstock aussieht, entpuppt sich als ein solcher. Trotz religiöser Symbolik kann es sich auch um einen »Geleitstein«, eine Art Grenzsäule handeln, wie etwa im Falle des Geleitsteins bei Löffelstelzen in der Nähe von Bad Mergentheim.

Kreuze und Statuen

Nicht nur Bildstöcke, sondern auch Kreuze sind am Wegrand in Franken zu finden, mal mit Träger, mal ohne. Diese Weg-

kreuze – auch »Flurkreuze« genannt – dienten früher als Wegmarkierungen: Sie wie-
sen Pilgern und Wanderern den Weg oder

markierten gefährliche Stellen. Solche Kreuze können aus Holz
oder aus Stein gearbeitet sein. Letztere werden oft auch Süh-
nekreuze genannt. Manchmal gibt es schriftliche Zeugnisse,
sogenannte Sühneverträge, von denen sich einige heute noch
vorhandenen Kreuzen zuordnen lassen. Meistens ist der Grund
für die Aufstellung solch eines Kreuzes allerdings unbekannt.
In Reicholzheim bei Wertheim sind eine ganze Reihe von Steinkreuzen – 14 insgesamt – zusammengetragen worden. So etwas bezeichnet man als »Steinkreuznest«. Davon gibt es meh-

Das Steinkreuznest bei Reicholzheim besteht aus Steinkreuzen, die ursprünglich an anderen Orten standen.

rere in Deutschland, doch das bei Reicholzheim gilt als die größte Steinkreuzansammlung. Die einzelnen Kreuze stammen aus unterschiedlichen Zeiten und Orten. Es sind Zeichen darauf eingearbeitet wie Dolche, Schwerter, Hämmer, aber auch eine Lilie und andere Objekte. Die Zusammenstellung geschah schon vor langer Zeit,

vermutlich im 15. Jahrhundert. Da die Entstehungshintergründe der einzelnen Kreuze nicht mehr bekannt waren, haben sich Sagen darum gerankt, wie beispielsweise die folgende:

In die einzelnen Steinkreuze sind Symbole eingeritzt.

Vor Zeiten gingen einmal ein schönes Mädchen, dessen Bruder und zehn andere Burschen aus Höhfeld von der Kirchweihe

97

in Waldenhausen heim. Kaum waren sie aus dem Ort, so bekamen die zehn Burschen wegen des Mädchens, in das alle verliebt waren, miteinander Händel, wobei einer getötet wurde. Zwar setzten sie hierauf ihren Weg zusammen fort, allein auf der Höhe hinter Reicholzheim erneuerten sie den Streit mit solcher Wut, dass die neun Burschen auf dem Platz blieben. Als der Bruder des Mädchens das große Unglück betrachtete, das sie durch ihre Gefallsucht angerichtet hatte, hieb er ihr mit seinem Schwert den Kopf ab. Dann ging er fort bis auf die Gamburger Stiege, nahm sich aber dort selbst das Leben. An diesem so wie an jedem anderen Platz, wo ein Bursche gefallen war, steht ein steinernes Kreuz. Ein hoher Stein mit einem eingehauenen Schwert steht jedoch dort, wo das Mädchen von ihrem Bruder getötet wurde. Auf den meisten Kreuzen ist ein Dolch, Messer, Schwert oder Doppelhammer eingehauen. Von dem obersten Kreuz bei Reicholzheim bis zum untersten soll das Blut einem Bach ähnlich geflossen sein. Die dortigen Äcker heißen von diesem Vorgang die Streitäcker und wegen dieses Vorfalls ist die Waldenhauser Kirchweihe für immer aufgehoben. Bei den Kreuzen spukt es in manchen Nächten, namentlich hängt sich ein schwarzer Mann den Vorübergehenden auf den Rücken und lässt sich eine gute Strecke von ihnen forttragen.

Horst-Dieter Radke: *Sagen & Legenden aus Franken*,
Rheinbach 2014.

In Löffelstelzen, oberhalb von Bad Mergentheim, ist nicht nur der bereits erwähnte Geleitstein zu finden, sondern auch eine Figur des heiligen Bruno, des Stifters des Karthäuserordens. Interessant ist, was auf dem Sockel zu lesen steht: »Hier STarb Unerwartet Schnell Fürst.Bischof Von Würzburg PHILIPP FRANZ Graf V. Schönborn Auf Der Heimreise Von Mergentheim nach Würzburg Am 18. Aug. 1724 R. I. P.« Was war geschehen? Der Fürstbischof, der erste große Förderer von Balthasar Neumann, war in Bad Mergentheim vom Hoch- und Deutschmeister Franz Ludwig von Pfalz-Neuburg zur Jagd eingeladen worden. Es wurde natürlich nicht nur gejagt, sondern auch geschlemmt. Für den ohnehin schon übergewichtigen Bischof war das an diesem heißen Tag zu viel des Guten. Ihm ging es plötzlich schlecht und nach einer schweren Nacht beschloss er am nächsten Morgen, zurück nach Würzburg zu reisen. Bei Löffelstelzen ging es aber nicht weiter. Der Bischof musste aus der Kutsche gehoben und an den Wegrand in den Schatten getragen werden. Dort versuchte der Leibarzt noch einen Aderlass, was aber nichts mehr nützte; Philipp Franz Graf von Schönborn starb noch an Ort und Stelle. Der Fürstbischof war ob seiner Prunksucht nicht sehr beliebt und so kam bald das Gerücht auf, er sei vergiftet worden. Immerhin war er gerade einmal 51 Jahre alt gewesen. Bewiesen werden konnte zwar nichts, doch stellte man zur Erinnerung an das Ereignis dieses Denkmal auf.

Manches, was aus der Ferne wie ein Grenzstein aussieht, entpuppt sich bei näherem Hinsehen als Warnung. Heute ist eine solche eher zur Erheiterung angetan, damals, zur Zeit der Aufstellung, stellte sie aber durchaus einen ernst gemeinten Hinweis dar, wie etwa die Warnung, dass im Falle des Nebeneinandergehens drei Mark Strafe fällig würden. Der Stein mit dieser Inschrift steht zwischen Werbach und Hochhausen an der Tauber.

Die steinernen Zeugen am Wegrand sind es wert, von uns beachtet zu werden. Sie erzählen Geschichten und künden von Nöten vergangener Zeiten. Nicht immer erschließen sich die Hintergründe allein aus der Betrachtung des Objekts, aber in der Regel findet man in den meisten Fällen Aufschluss, wenn man sich näher danach erkundigt.

Diese Warnung galt für die Überquerung der Tauber auf der Brücke zwischen Werbach und Hochhausen.

Nach Forchheim in die Kaiserpfalz

Wo die Könige und Kaiser Rast und Hof hielten

Die Liste der deutschen Königspfalzen ist lang. Nimmt man nur die, die in Franken liegen, kommen schon mehr als dreißig zusammen. In Unterfranken wären Amorbach, Geldersheim, Heidingsfeld, Münnerstadt, Obertheres, Ochsenfurt, Salz, Tauberbischofsheim, Thüngen sowie Würzburg zu nennen. In Mittelfranken kommen noch Ansbach, Ettenstatt, Fürth, Langenzenn, Lonnerstadt, Mögeldorf, Nürnberg, Rothenburg ob der Tauber, Schwarzenbruck, Stallbaum und Weißenburg hinzu. Oberfranken dann beschließt die Liste mit Bamberg, Ebrach, Eisfeld, Forchheim, Hirschaid, Lautertal, Mirsdorf (Meder), Bad Rodach, Seidmannsdorf und Stegaurach.

Eine Pfalz war im Mittelalter ein Stützpunkt für den reisenden König, der sich auf diese Weise im ganzen Land zeigen konnte. Es wurde damals nicht von einer Hauptstadt aus regiert; der König musste im Reich präsent sein. An manchen Orten finden wir heute noch sichtbare Zeugnisse dieser reihum aufgesuchten Residenzen, von manchen sind nur noch schriftliche Quellen als Belege erhalten.

So im Fall von **Heidingsfeld**, einem Stadtteil von Würzburg, das – bis 1930 eine eigenständige Stadt – sogar einmal eine Königspfalz gewesen war. Im 9. Jahrhundert besaß ein Graf Sigihard das karolingische Königsgut »villa heitungsfelden« als Lehen. Davon ist heute nichts mehr zu sehen, Reste einer Burg oder Wohnanlage sucht man dort vergebens.

Manche Orte wie Heidingsfeld verloren schon früh an Bedeutung. Bei anderen liegt eher die Vermutung nahe, dass die Deutung als Königspfalz eher in den Bereich der Sage zu verweisen ist. Bei **Stallbaum** (bei Pommersbrunn im Landkreis Nürnberger Land) etwa, wo nach einer urkundlichen Erwähnung aus dem Jahr 1152 Kaiser Friedrich I. Barbarossa einen Hoftag abgehalten und eine Urkunde unterzeichnet haben soll, ist es fraglich, ob der Ort *Scalbonine* tatsächlich mit Stallbaum identisch ist.

Anders verhält es sich mit **Forchheim**. Diese oberfränkische Stadt – heute Große Kreisstadt – kann auf eine lange Geschichte verweisen. Im Jahr 2005 wurde das 1200-Jahr-Jubiläum gefeiert und dazu gab es von der Post sogar eine Briefmarke, zwar nur zu 45 Cent, aber immerhin ließ sich der Fachwerkcharakter des fränkischen Städtchens gut darauf erkennen. Besser als auf der Briefmarke macht er sich aber im Original. Ein Bummel durch Forchheim bietet dem Auge etwas und, wenn man will, auch dem Gaumen.

Forchheim liegt an der Regnitz, der Wiesent und dem Main-Donau-Kanal.

Die Stadtburg in Forchheim entstand im späten 14. Jahrhundert und beherbergt heute das Archäologiemuseum Oberfranken.

An einem sonnigen Nachmittag bei einem Kaffee oder einem fränkischen Bier draußen zu sitzen hat fast schon etwas Meditatives.

Auch Hollywood hatte Forchheim vor nunmehr schon ein paar Jahrzehnten entdeckt. Der Stoff des im Jahr 1961 gedrehten Films *Stadt ohne Mitleid* (*Town without pity*) war allerdings kein historischer, sondern ein aktueller. Ein junges Mädchen, dargestellt von Christine Kaufmann, wird von vier amerikanischen Besatzungssoldaten vergewaltigt. Die Stadt ist in Aufruhr und verlangt das Todesurteil der Täter. Vor dem Militärgericht will der von Kirk Douglas gespielte Anwalt das Urteil abmildern, kann sich aber gegen die Anklage nicht durchsetzen und nimmt das Mädchen deshalb ins Kreuzverhör. Dabei bricht es zusammen, weil es dem Druck und der Erniedrigung nicht standhält, und begeht anschließend Selbstmord. Der Film ist inzwischen wieder als DVD erhältlich.

Beim Spaziergang durch die Stadt kommt man dann auch zur Forchheimer Burg – der »Kaiserpfalz«. Sie ist allerdings nicht mit dem alten fränkischen Königshof zu verwechseln, in dem tatsächlich Könige zeitweise residierten, Reichstage abhielten und sogar Monarchen gewählt und gekrönt wurden: so Ludwig das Kind im Jahr 900 und Konrad I. dann 911. Wo dieser alte Königshof lag, weiß man heute jedoch nicht mehr. 1007 schenkte Kaiser Heinrich II. das Königsgut Forchheim dem Bistum Bamberg. Kaiser Heinrich III. nahm es bereits 1039 wieder unter Reichsverwaltung, gab es aber 1063 endgültig dem Bistum Bamberg zurück, wo es bis zur Säkularisierung blieb. Im späten 14. Jahrhundert wurde die Stadtburg errichtet, die fortan für den Bamberger Bischof zur Verfügung stand.

In der »Kaiserpfalz« befindet sich heute das Archäologiemuseum Oberfranken. Dort werden Funde aus der Spanne von der Steinzeit bis in die frühe Neuzeit präsentiert. Auch das Thema Königspfalz wird ausführlich behandelt. Neben der üblichen Museumspräsentation gibt es interaktive Zonen und virtuelle Animationen, sodass ein Besuch in diesem Museum nicht langweilig wird. Zögern Sie nicht hineinzugehen. Das Eis schmeckt nach dem Museumsbesuch doppelt so gut.

Das unterfränkische **Geldersheim** liegt unweit von Schweinfurt im oberen Werntal. Erstmals wurde es 763 in einer Urkunde des Klosters Fulda genannt. Weitere Dokumente mit Namensnennung des Ortes stammen von Kaiser Otto II. und Kaiser Heinrich III. Man kann deshalb darauf schließen, dass Geldersheim eine Kaiserpfalz war. Aus dieser Zeit stammt auch noch der Chor der ehemaligen Pfalzkapelle. Im Archäologischen Museum des Ortes, das in den sogenannten Gaden – Teilen der ehemaligen Kirchenburg – untergebracht ist, sind Funde aus dieser Zeit zu sehen.

Nördlich von Schweinfurt, im Landkreis Bad Kissingen, liegt **Münnerstadt**. Erste urkundliche Erwähnungen stammen aus dem späten 8. Jahrhundert und belegen, dass der Ort in karo-

*Das Stadtbild von Münner-
stadt ist im Kern von Fachwerkbauten geprägt.*

lingischer Zeit einige Bedeutung besaß. Am
3. Mai 800 fand in Münnerstadt die erste
nachweisbare Gaugerichtsverhandlung in
Ostfranken statt. Das mittelalterliche Stadtbild mit Fachwerkbauten, eine gut erhaltene Stadtmauer und
das im ehemaligen Deutschordensschloss untergebrachte
Stadtmuseum machen einen Besuch in Münnerstadt lohnend.

Man vermutet, dass auch **Ochsenfurt** eine Königspfalz
war. Erste urkundliche Erwähnung fand der Ort 725, als im
Auftrag von Bonifatius dort ein Kloster gegründet wurde. Die

Stadt am Main verfügt ebenfalls über Fachwerk- *Das neue Rathaus*
bestand und auch ein Großteil der mittelalterli- *in Ochsenfurt.*
chen Stadtbefestigung ist noch erhalten: einige
Türme, eine Ringmauer, ein Stadtgraben und Stadttore. Im
Klingentor, das einstmals ein Gefängnis war, ist heute die Ju-
gendherberge untergebracht.

Die Gemeinde **Salz** wiederum liegt im Landkreis Rhön-
Grabfeld und gehört zu Bad Neustadt an der Saale. Bereits
um 741 wurde das Königsgut erstmals in einer Schenkungsurkunde als *salce* erwähnt.

Zur Festigung der Strukturen wurden Straßen angelegt und Königshöfe an strategisch günstigen Stellen errichtet. Sie waren Stützpunkte und Ausgangsbasis für den Ausbau der Macht und der Besiedelung des Landes. Solch ein fränkisches Königsgut war beispielsweise Salz, das heute in Unterfranken im Landkreis Rhön-Grabfeld liegt (bei Bad Neustadt an der Saale). Erstmals erwähnt wurde es 741/42 in einer Schenkungsurkunde als salce. *Da es an einem wichtigen Kreuzungspunkt der alten Fernstraßen nach Thüringen, Sachsen, Hessen, Würzburg und dem slawischen Obermaingebiet lag, außerdem am Ende der schiffbaren Fränkischen Saale, ließ Karl der Große den Königshof zur Pfalz ausbauen. Nach der Eroberung Sachsens verlor Salz allerdings an Bedeutung, die in der Folgezeit dann Forschem (Forchheim) zukam, das sich als bevorzugter Aufenthaltsort ostfränkischer Könige etablieren konnte.*

Aus: Horst-Dieter Radke: Das mittelalterliche Franken, Rheinbach 2015

Würzburg galt bereits im 7. Jahrhundert als Herzogssitz des Königsgeschlechts der Merowinger. Am 17. Juni 1156 heiratete hier Friedrich I. Barbarossa in zweiter Ehe Beatrix von Burgund, im Jahr 1168 hielt Friedrich der I. in der Stadt einen Reichstag ab. Dabei wurde Bischof Herold mit der Herzogswürde belehnt. Seither dürfen sich die Würzburger Bischöfe Fürstbischöfe nennen und außerdem den Titel »Herzog in Franken« führen. Im Kaisersaal der Würzburger Residenz ist auf einem Fresko die Trauung Barbarossas dargestellt. Diese hat natürlich nicht in dem barocken, durch Balthasar Neumann entworfenen Residenzschloss stattgefunden; das Motiv wurde aber gewählt, um die Macht des Fürstbischofs, welcher die Trauung des Kaiserpaares vorgenommen hatte, zu demonstrieren.

Das mittelfränkische **Ettenstatt** im Landkreis Weißenburg-Gunzenhausen wird in einer Schenkungsurkunde von Kaiser Otto III. im Jahr 985 erstmals urkundlich erwähnt, **Fürth**, das bereits zu ottonischer Zeit bestand, findet man hingegen erstmals in einer Urkunde des Kaisers Heinrich II. **Langen-**

zenn im Landkreis Fürth entwickelte sich vermutlich aus einem Königshof, der schon in einer Urkunde aus dem Jahr 903 erwähnt wird. Man ist sich aber nicht sicher, ob damit tatsächlich dieser Ort gemeint ist. Be

Die »Trauung Barbarossas mit Beatrix von Burgund durch den Würzburger Fürstbischof« ist als Fresko in der Würzburger Residenz dargestellt.

legt ist aber die Erwähnung aus dem Jahr 954, denn da ließ der deutsche König und spätere Kaiser Otto I. einen großen Reichstag in Langenzenn abhalten. Es ging um eine Verschwörung gegen ihn, in die auch sein Sohn Liudolf sowie der Erzbischof von Mainz verwickelt waren. Otto erwirkte, dass sich bereits im Laufe dieser Versammlung die meisten Verschwörer unterwarfen. Bei seinem Sohn gelang ihm das erst später, früh genug jedoch, um mit einem geeinten Heer am 10. August 955 gegen die Ungarn in die Schlacht zu ziehen und diese auf dem Lechfeld vernichtend zu schlagen.

Mögeldorf, heute ein Stadtteil von Nürnberg, war ursprünglich ein Wirtschaftshof, der König Konrad II. als Außenstelle bei seinen Reisen von Regensburg nach Bamberg diente. In alten Urkunden aus den Jahren 1025 und 1030 ist dies belegt. Demnach ist Mögeldorf sogar älter als Nürnberg. Die Stadtgründung **Nürnbergs** lässt sich nicht genau benennen, datiert aber vermutlich auf das frühe 11. Jahrhundert. Zu den ersten Siedlungszentren gehören zwei Königshöfe um St. Egidien und St. Jakob. Um 1050 wird die Stadt als *Nuorenberc* in einer Urkunde

Die Nürnberger Kaiserburg ist einen Besuch wert.

von Kaiser Heinrich III. erstmals erwähnt. Die Nürnberger Kaiserburg nahm im Laufe der nächsten Jahrzehnte und Jahrhunderte an Bedeutung zu. Zunächst war die salische Königsburg Ausgangspunkt für die Ostfeldzüge Heinrichs III. Dann stand sie in der Auseinandersetzung zwischen Heinrich V. und seinem Vater Heinrich IV. Der Sohn belagerte seinen Vater zwei Monate in der Nürnberger Burg, bevor er sie erobern konnte. Unter den Staufern wurde die Kaiserburg aufwendig umgebaut. Konrad III. baute in der Anlage die zweite Burg: die Kaiserburg, die nun als Königspfalz diente. Kaiser Friedrich I. Barbarossa weilte dort zwölf Mal. Heinrich VII. heiratete auf der Kaiserburg. Heute dominiert diese immer noch die Altstadt und gilt als Wahrzeichen Nürnbergs. Zur Burg, die übrigens auch eine Burggrafenburg war, hinaufzusteigen und von dort über die Stadt zu schauen, ist ein Erlebnis, das Sie sich nicht entgehen lassen sollten. Planen Sie genügend Zeit für die Besichtigung ein, es lohnt sich.

Rothenburg ob der Tauber wurde relativ spät Königspfalz. Das Grafengeschlecht, das die erste Burg oberhalb der Tauber

Die alte Reichsstadt Rothenburg war zeitweise auch Königspfalz.

baute, starb zu Beginn des 12. Jahrhunderts aus. Konrad III. bekam die Burg als Lehen von Heinrich V. und hielt Hof in Rothenburg nach Erlangung seiner Königswürde im Jahr 1137. Er errichtete hier die Reichsburg, von der heute nichts mehr zu sehen ist, die aber etwa dort vermutet wird, wo der heutige Burggarten liegt. König Rudolf von Habsburg erhob Rothenburg im Jahr 1274 zur Reichsstadt. Ein Gang durch diese geschichtsträchtigen Straßen ist auch heute noch ein Erlebnis, sogar (oder erst recht) nachts.

Weißenburg gilt als eine der schönsten Städte der Region Weißenburg-Gunzenhausen. Sie entstand um einen karolingischen Königshof und wurde im 14. Jahrhundert Freie Reichsstadt. Im frühen 11. Jahrhundert ging sie als Königsgut an die Salier, später an die Staufer. Die gut erhaltene Stadtmauer, das gotische Rathaus und andere alte Bauten prägen das historische Stadtbild eindrucksvoll. Die ganze Altstadt von Weißenburg ist heute denkmalgeschützt.

Es war das ostfränkische Geschlecht der Babenberger, die die Burg auf dem heutigen Domberg in **Bamberg** besaßen. In der sogenannten Babenberger Fehde verloren sie die Besitzungen an den König, der sie bis 973 als Königsgut hielt. Otto II. schenkte das *Castrum Babenberch* dann an den Herzog von Bayern, Heinrich den Zänker. Aus der Babenburg entwickelte sich die Stadt Bamberg. Wo die Burg stand, befindet sich heute der Dom.

Man nimmt an, dass **Eisfeld** im südlichen Vorland des Thüringer Waldes ebenfalls Königspfalz war, sicher weiß man es allerdings nicht. Immerhin blieb der Ort bis ins frühe 14. Jahrhundert Reichsdomäne. 1323 erhielt Eisfeld das Stadtrecht. Zu den kleineren Königspfalzen gehörte auch **Hirschaid** im oberfränkischen Landkreis Bamberg. In einer Urkunde Heinrichs IV. aus dem Jahr 1079 wurde Hirschaid (Hirzheide) erstmals erwähnt, was im Jahr 1979 Anlass bot, das 900-jährige Bestehen des Ortes zu feiern. Eine Besonderheit ist **Mirsdorf**, Ortsteil der Gemeinde Meeder im Landkreis Coburg. Über diese im Jahr 1074 urkundlich erwähnte Königspfalz verfügte die Polenkönigin Richeza (um 995–1063). Nach dem Tod ihres Mannes, des Polenkönigs Mieszko II., lebte sie auf den Gütern ihrer väterlichen Familie im Heiligen Römischen Reich.

Richeza starb im Kloster Saalfeld, zu dem auch Mirsdorf gehörte. Bei der Errichtung des Klosters Saalfeld wurde das königliche Gut Seidmannsdorf einbezogen.

Mit dem Niedergang des Königsgeschlechts der Staufer und der zunehmenden Bedeutung der Städte verloren die Königspfalzen nach und nach an Bedeutung. Heute künden ihre Namen noch von einer Zeit, in der die Herrscher »ohne festen Wohnsitz« waren.

Das alte Rathaus in Bamberg.

Balthasar Neumann, Baumeister der Fürstbischöfe

Der Oberst der Artillerie, der Schlösser, Kirchen und Brücken baute

Wer nach Würzburg reist und sich die Stadt anschaut, kommt an der Residenz nicht vorbei. Dieser barocke Prachtbau am Rande der Innenstadt ist leicht zu erreichen und verführt schon beim Ansehen dazu, auch hineingehen zu wollen. Und das sollte man auch auf jeden Fall tun. Entworfen wurde die Anlage von Balthasar Neumann. Wer aber war dieser Mann, der als einer der bedeutendsten süddeutschen Baumeister des Barocks und Rokokos gilt?

Geboren wurde Johann Balthasar Neumann am 27. Januar 1687 in Eger. Diese Stadt im äußersten Westen des heutigen Tschechiens, heute Cheb, unweit von Marktredwitz und Hof, gehörte ursprünglich den Markgrafen des bayerischen Nordgaues. Ludwig der Bayer verpfändete die Stadt aber schon 1322 an den böhmischen König. Zwar wurde ihr weitgehend Eigenständigkeit gegenüber dem Königreich Böhmen zugesichert, diese Position konnte aber auf Dauer nicht durchgesetzt werden. Hans Christoph Neumann war Tuchmacher. Er ließ seinen Sohn Balthasar das Glocken- und Metallgießer-Handwerk erlernen. Auf der Gesellenwanderung kam der junge Balthasar nach Würzburg und erlernte dort bei Sebald Koch 1711 zudem das Büchsenmeister-Handwerk. Im Jahr darauf trat er als Gemeiner in die fränkische Kreis-Artillerie ein. Nur so konnte er die Laufbahn des Ingenieurs einschlagen. Er wurde Adjutant, dann Feldwebel der Artillerie in der Schlosskompanie und schließlich 1718 fürstlicher Ingenieur-Kapitän.

Balthasar Neumann kam mit dem Militär weit herum. Er arbeitete mit bei der Befestigung von Belgrad, lernte in Wien die prächtigen Barockbauten kennen und sah in Mailand die Werke Guarino Guarinis, eines bedeutenden Architekten des italienischen Spätbarocks. Neumanns Talent muss aufgefal-

len sein, denn bereits 1719 wurde er zum fürstbischöflichen Baudirektor in Würzburg berufen.

Die Residenz vom Schlossgarten aus gesehen.

Bereits 1720 übernahm Neumann die Planung für den Neubau der fürstbischöflichen Residenz. In diesem Zusammenhang unternahm er eine Studienreise, die ihn über Mannheim und Straßburg nach Paris führte. Dort lernte er den französischen Hofbaumeister Robert de Cotte und Germain Boffrand, den Architekten des französischen Königs, kennen. Die Idee zu dem großzügigen Treppenhaus der Würzburger Residenz soll Neumann in Paris gekommen sein. Vollendet wurde der Bau erst 1744, ein Vierteljahrhundert nach Planungsbeginn im Jahr 1719. Der Innenausbau wurde sogar erst 1779 fertiggestellt.

Die Bauarbeiten der Residenz im ersten Bauabschnitt unter Fürstbischof Johann Philipp Franz von Schönborn wurden bereits nach fünf Jahren weitgehend eingestellt. Der Nachfolger Christoph Franz von Hutten hatte kein Interesse an der Weiterarbeit an diesem Prachtbau. Erst 1729, unter Fürstbischof Friedrich Carl von Schönborn, dem Bruder des ersten Bauherrn, gingen die Bauarbeiten in vollem Umfang weiter, bis der Rohbau im Jahr 1744 vollendet wurde. Nach dem Tod des Fürstbischofs im Jahr 1746 ruhten die Arbeiten jedoch ein zweites Mal. Nachfolger Anselm Franz Graf von Ingelheim stoppte den Ausbau, ließ den Baumeister Neumann absetzen und kümmerte sich bis zu seinem Tod im Jahr 1749 nicht um die Weiterführung der Arbeiten. Geldmangel war wohl der Auslöser. Die beiden nachfolgenden Fürstbischöfe vollendeten dann das Werk. Der italienische Künstler Giovanni Battista Tiepolo schuf im Treppenhaus das größte zusammenhängende Deckenfresko der Welt in den Jahren 1750 bis 1753. Der Schlossgarten wurde in den Jahren 1755 bis 1779 angelegt.

Balthasar Neumann wohnte in einem Haus in der Franziskanergasse. 1724 hatte er dort den »Hof Ober-Frankfurt« erworben. Darin befand sich auch sein Architekturbüro. Auf einer Dachterrasse mit Aussichtsplattform konnte er die Würzburger Baustellen überblicken. Das Haus wurde beim Bombenangriff am 16. März 1945 schwer beschädigt und später wegen

Einsturzgefahr gesprengt. Beim Neubau integrierte man jedoch das alte barocke Portal.

Die Würzburger Residenz in der Frontalansicht.

Balthasar Neumann brachte es in der militärischen Rangordnung zum Oberstleutnant (1729) und Oberst (1741). Für ihn richtete man an der Würzburger Universität den Lehrstuhl für Zivil- und Militärbaukunst (1731) ein. Abwerbungen, z. B. nach Wien, lehnte er stets ab. Neumann starb am 17. August 1753 und wurde in der Marienkapelle in Würzburg bestattet.

In dieser Stadt war Balthasar Neumann vielfältig tätig gewesen. Er hatte Kanäle und neue Straßenzüge angelegt. Das »Käppele«, die Wallfahrtskirche Mariä Heimsuchung, war nach seinen Plänen in den Jahren von 1748 bis 1750 gebaut worden. Es liegt oberhalb des Mains auf der linken Mainseite, in Sichtweite der Marienburg. Im Zweiten Weltkrieg wurde es nur leicht beschädigt. Als die SS das Bauwerk vernichten wollte, da man amerikanische Soldaten darin vermutete, weigerte sich der Gefreite Ludwig Hermann an der Flak auf geschickte Weise, den Befehl auszuführen, sodass kein weiterer Schaden entstand: Er gab an, nicht mehr genügend Munition zu haben, und verwies für Nachschub wissentlich auf ein Lager, mit dessen Munition seine Flakkanone nicht zu bestücken war. Hermann selbst verlor später nie ein Wort über sein Tun, erst 1970 wurde er von den dankbaren Kapuzinern des Käppeles ausfindig gemacht und erfuhr eine späte Ehrung.

Die Wallfahrtskirche Mariä Heimsuchung, das »Käppele«, in Würzburg.

Das Käppele sieht schon prächtig aus, wenn man es von der alten Mainbrücke aus betrachtet. Es lohnt sich aber unbedingt, den Weg hinauf zu suchen, um es auch aus der Nähe zu bewundern. Dann wiederum hat man einen prächtigen Blick auf den Main und die Stadt Würzburg.

Hinauf führt ein Treppenaufgang, der auch als Kreuzweg eingerichtet ist. Man benötigt aber etwas Kondition, um die 247 Stufen zu bewältigen. Allerdings kann man sich unterwegs auf gepflasterten Terrassen, auf denen Platanen stehen, die im Sommer Schatten spenden, ein wenig ausruhen.

In Würzburg ist an weiteren Werken Neumanns noch die Schönbornkapelle am nördlichen Querarm des Würzburger Doms zu nennen,
die als Grabkapelle für die Bischöfe der Familie Schönborn angelegt wurde, sowie der Maschikuliturm auf der Festung Ma-
rienberg – hinter diesem ungewöhnlichen Namen verbirgt sich
ein Verteidigungsturm mit Schussöffnungen, an dem man vor-
beikommt, wenn man auf dem Weinwanderweg unterwegs ist.

*Die Schönbornkapelle
am Würzburger Dom*

Werke Balthasar Neumanns findet man jedoch nicht nur in Würzburg. Sie sind über ganz Franken verteilt, im südlichen Baden-Württemberg (z. B. das Neue Schloss in Meersburg, die Abtei Neresheim und die Abteikirche des Klosters Schöntal); einige stehen auch in Hessen (darunter die Pfarrkirche St. Cäcilia in Heusenstamm), in Rheinland-Pfalz (etwa die Pfarrkirche St. Pauline in Trier) und in Nordrhein-Westfalen (z. B. die Schlösser Augustusburg und Falkenlust in Brühl).

Zehn Kilometer mainaufwärts von Würzburg liegt Veitshöchheim. Bekannt ist diese Stadt durch das Schloss mit seinem Rokokogarten, das Balthasar Neumann als Sommerresidenz der Fürstbischöfe von Würzburg entwarf.

Vierzig Kilometer südlich von Würzburg liegt Bad Mergentheim. Die Kirche des Deutschordensschlosses wurde von Neumann erneuert. Bereits von 1728 bis 1730 erbaute er die Klosterkirche in Holzkirchen, westlich von Würzburg Richtung Wertheim gelegen. Aber auch ein Brückenbau zählt zu den Werken

Neumanns: In Tauberrettersheim zwischen Bad Mergentheim und Creglingen spannt sich eine massive Natursteinbrücke in sechs Bögen über die Tauber. Diese

Das Schloss in Veitshöchheim diente den Würzburger Fürstbischöfen als Sommerresidenz.

wurde nach Neumanns Entwürfen im Sommer 1773 gebaut, nachdem die alte Brücke im Jahr zuvor bei einem Hochwasser zerstört worden war.

Weitere Werke sind das Kloster Heidenfeld, das Treppenhaus von Schloss Bruchsal, Schloss Werneck, die Kreuzkapelle in Kitzingen, der Umbau des Klosters Oberzell in Zell am Main oder auch die Kirche St. Vitus in Dittigheim nahe Tauberbischofsheim.

Manches, was Balthasar Neumann begonnen hatte, konnte er nicht mehr zu Ende bringen, etwa die Basilika Vierzehnheiligen oder die Abteikirche Neresheim. Andere mussten dies nach seinem Tod gemäß seinen Plänen tun. Einige seiner Vorhaben wurden auch nicht umgesetzt, etwa die Entwürfe für das neue Treppenhaus der Wiener Hofburg.

Wo Kaspar Hauser in die Geschichte trat

Lebensstationen des berühmten Findlings

Am 26. Mai 1828, erzählt man, tauchte ein geistig anscheinend zurückgebliebener, kaum der Sprache mächtiger Jugendlicher in Nürnberg auf dem Unschlittplatz auf. Er trug einen Brief bei sich, der an den Rittmeister Friedrich von Wessenig adressiert war. Darin teilte ein anonymer Tagelöhner mit, dass der im Oktober 1812 »gelegte« Junge, der keinen Schritt vor die Tür gelassen worden sei, jetzt Reiter werden solle. In einem zweiten Schreiben, das angeblich von der Mutter stammte, wurde als Geburtsdatum der 30. April 1812 angegeben und als Name des Knaben »Kaspar« genannt. Demnach wäre dieser bei seinem Erscheinen in Nürnberg 16 Jahre alt gewesen. Kaspar sagte immer wieder denselben Satz: »A söchtener Reuter möcht i wern, wie mein Vater gwen ist.«

Der Nürnberger Georg Leonhard Weickmann sprach Kaspar Hauser als Erster an.

Nürnberg

Kaspar wurde unter die Obhut des Gefängniswärters Andreas Hiltel gegeben, der ihn im Gefängnis auf der Nürnberger Burg unterbrachte. Da jedermann zu ihm gelassen wurde, alle möglichen Pädagogen und Theologen Untersuchungen an ihm durchführten, gab sich auch die Nürnberger Bevölkerung bald der Neugier hin, sodass er wie ein Tier im Zoo vom Morgen bis zum Abend begutachtet wurde:

120

Kaspar-Hauser-Denkmal in Ansbach.

Das Gefängnis auf der Nürnberger Burg war der erste Aufenthaltsort des Findlings Kaspar Hauser.

In den ersten Sommertagen des Jahres 1828 liefen in Nürnberg sonderbare Gerüchte über einen Menschen, der im Vestnerturm auf der Burg in Gewahrsam gehalten wurde und der sowohl der Behörde wie den ihn beobachtenden Privatpersonen täglich mehr zu staunen gab.

[...]

Die Nürnberger sind ein neugieriges Volk. Jeden Tag wanderten Hunderte den Burgberg hinauf und erklommen die zweiundneunzig Stufen des finstern alten Turmes, um den Fremdling zu sehen. In die halb verdunkelte Kammer zu treten, wo der Gefangene weilte, war untersagt, und so erblickten ihre dicht gedrängten Scharen von der Schwelle aus das wunderliche Menschenwesen, das in der entferntesten Ecke des Raumes kauerte und meist mit einem kleinen weißen Holzpferdchen spielte, das es zufällig bei den Kindern des Wärters gesehen und das man ihm, gerührt von dem unbeholfenen Stammeln seines Verlangens, geschenkt hatte. Seine Augen schienen das Licht nicht erfassen zu können; er hatte offenbar Furcht vor der Bewegung seines eigenen Körpers, und wenn er seine Hände zum Tasten erhob, war es, als ob ihm die Luft dabei einen rätselhaften Widerstand entgegensetzte.

Jakob Wassermann: *Caspar Hauser oder die Trägheit des Herzens*, Leipzig 2004.

Der Nürnberger Bürgermeister Jakob Friedrich Binder verfasste nach mehreren Gesprächen mit dem rätselhaften Jungen einen ersten Bericht. So lange er habe denken können, habe Kaspar in halb liegender Stellung in einem fast lichtlosen Raum verbracht. Während er schlief, habe man ihm Wasser und Brot gebracht und ihn gereinigt. Erst kurz vor seiner Freilassung sei ein Mann erschienen, der ihm Stehen und Gehen und durch Führung der Hand das Schreiben beigebracht habe. Von diesem habe er auch den Satz gelernt, den er bei Auffindung gesagt habe.

> *Jakob Friedrich Binder (1787–1856) war von 1821 bis 1853 der Erste Bürgermeister in Nürnberg. Er war Sohn eines protestantischen Pfarrers und hatte an der Universität Erlangen Rechtswissenschaft studiert. Binder war in die Entwicklung der Eisenbahn integriert. Er initiierte die Gründung der Eisenbahngesellschaft, die schließlich die Strecke von Nürnberg nach Fürth in Betrieb nahm. Von seinem Amt trat er 1853 zurück und kam damit einem Amtsenthebungsverfahren zuvor. Weil er zwölf außereheliche Kinder gezeugt hatte, hatte man das Verfahren wegen unmoralischem Lebenswandel gegen ihn eingeleitet.*

Später, im Juli, übergab man Kaspar Hauser dem Gymnasial-professor Georg Friedrich Daumer, der ihm Pflege und Erziehung angedeihen lassen sollte. Daumer, der wegen »Kränklichkeit« beurlaubt war, konnte auf diese Weise noch seine Nützlichkeit erweisen, so dachte man wohl. Beim Unterricht zeigte sich, dass der »ungebildete Wilde« eine große künstlerisch-zeichnerische Begabung hatte. Daumer führte außerdem homöopathische und magnetische Experimente mit ihm durch und sprach ihm eine große Sensitivität zu. In Daumers Haus wurde Kaspar Hauser am 17. Oktober 1829 von einem Fremden angegriffen und verletzt. Der Vorfall konnte trotz aufwendiger Untersuchung nicht geklärt werden, sodass man Hauser sicherheitshalber unter polizeilicher Bewachung beim Magistratsrat Biberbach unterbrachte.

Georg Friedrich Daumer (1800–1875) war deutscher Religionsphilosoph und Lyriker. Bekannt ist er bis heute noch als einer der Erzieher von Kaspar Hauser. Seit 1822 arbeitete er als Lehrer am Melanchthon-Gymnasium in Nürnberg. Anhaltende Kränklichkeit und wohl auch Konflikte mit dem Rektor zwangen Daumer 1828 zur vorläufigen, 1830 zur endgültigen Pensionierung. Der Nürnberger Rat betraute ihn trotzdem mit der Erziehung Kaspar Hausers, den Daumer in seine Wohnung aufnahm. Nach dem Attentat im Jahr 1829 schien dessen Sicherheit dort aber nicht mehr gewährleistet und so nahm man ihn wieder fort. Daumer heiratete 1834, gründete 1840 den ersten Deutschen Tierschutzverein und zog 1856 mit der Familie nach Frankfurt am Main, 1860 dann nach Würzburg. Er wirkte dort als Privatgelehrter. Nach einem Schlaganfall im November 1874 starb er am 13. Dezember 1875.

Ansbach

1830 kam Kaspar in die Familie Gottlieb von Tuchers, der inzwischen sein Vormund war und den Andrang neugieriger Besucher unterband. Trotzdem schaffte es der Engländer Philip Henry Earl Stanhope, Hausers Bekanntschaft zu machen. Der Lord bemühte sich gar, die Pflegschaft Hausers zu erlangen,

Im Ansbacher Hofgarten wurde Kaspar Hauser am 20. Dezember 1833, knapp fünf Jahre nach seinem Erscheinen, von einem Unbekannten erstochen.

HIC
OCCULTUS
OCCULTO
OCCISUS
EST
XIV DEC:
MDCCCXXXIII

An dieser Stelle soll das Attentat im
Ansbacher Hofgarten stattgefunden haben.

und brachte ihn, nachdem er diese im Dezember 1831 tatsächlich erhalten hatte, in Ansbach bei dem Lehrer Johann Georg Meyer unter. In der Abwesenheit Stanehopes übernahm der Gerichtspräsident Anselm von Feuerbach die Fürsorge. Stanehope wandte einiges auf, um die Herkunft Kaspar Hausers zu klären, unternahm dafür auch ausgedehnte Reisen. Da er dadurch jedoch nichts erreichte, verlor er das Interesse und verließ Ansbach 1832. Feuerbach brachte Kaspar Hauser auf Anraten von Meyer, der ihn nicht für eine höhere geistige Tätigkeit geeignet hielt, als Schreiber und Kopisten bei Gericht unter. Am 14. Dezember 1833 wurde Kaspar im Ansbacher Hofgarten von einem Fremden niedergestochen. An dieser Stichwunde starb er am 17. Dezember 1833. Für die Ergreifung des Täters setzte König Ludwig I. 10 000 Gulden als Belohnung aus – ohne Erfolg. Später spekulierte man darüber, ob sich Hauser selbst die Stichverletzung beigebracht, mithin also Selbstmord begangen habe. Er wurde auf dem Ansbacher Stadtfriedhof beigesetzt.

> *Anselm von Feuerbach (1775–1833) war ein deutscher Rechtsgelehrter. Er gilt als Begründer der modernen Strafrechtslehre und des bayerischen Strafgesetzbuchs von 1813. Als Obervormund von Kaspar Hauser engagierte er sich sehr für diesen und schrieb 1832 das Buch* Kaspar Hauser. Beispiel eines Verbrechens am Seelenleben des Menschen. *Er starb am 29. Mai 1833 in Frankfurt am Main an einem Schlaganfall und wurde auf dem dortigen Hauptfriedhof begraben.*

Kaum fünf Jahre nach seinem Erscheinen verstarb Kaspar Hauser im Alter von 21 Jahren. Sein Leben hatte sich in dieser Zeit ausschließlich in Franken abgespielt. Wenn man seinen Spuren heute noch folgen möchte – die Spekulationen außen vorgelassen –, dann kann man dies durch Besuche in Nürnberg und Ansbach ausgiebig tun. In Nürnberg findet man eine Tafel am Unschlitt-Platz, die an das Auftauchen des Findelkinds erinnert. In Ansbach gibt es am Ort des angeblichen Attentats ein Denkmal und einen Grabstein auf dem Stadtfriedhof. Im Markgrafenmuseum in Ansbach ist eine Kaspar-Hauser-Abteilung eingerichtet worden.

Spekulationen über Kaspar Hauser

Eine bis heute diskutierte Theorie ist, Kaspar Hauser sei der 1812 geborene Erbprinz von Baden gewesen, Sohn der Gräfin Luise Karoline von Hochberg und des Großherzogs Karl Friedrich von Baden. Man habe ihn bereits in der Wiege mit einem sterbenden Kind vertauscht. Die bisher dafür vorgelegten Beweisführungen haben aber einer wissenschaftlichen Überprüfung nicht standhalten können.

Schon zu Lebzeiten wurde Kaspar Hauser für einen Betrüger gehalten, der sich zuletzt die tödlichen Verletzungen selbst beigebracht habe. Auch diesbezüglich gibt es nur Vermutungen und keine schlüssigen Beweise.

1996 und 2002 versuchte man, Kaspars Herkunft über Genanalysen auf die Spur zu kommen. Die Aussagen darüber sind allerdings widersprüchlich und brachten demnach auch keine Klärung.

So unbestimmt also heute noch die Herkunft dieses Findlings ist, so stark ist trotzdem die Wirkung, die er erzielt hat. Es wurden Lieder, Gedichte und Romane, Theaterstücke, später auch Filme über Kaspar Hauser gedreht. Unter den Lyrikern, die das Thema und den Namen aufgriffen, sind Paul Verlaine, Richard Dehmel, Stefan George und Georg Trakl zu nennen. Walter Benjamin schrieb eine Erzählung, Jakob Wassermann einen Roman (*Caspar Hauser oder Die Trägheit des Herzens*), der mehr als alle anderen literarischen Erzeugnisse das Thema in Deutschland populär machte. Unter den vielen Verfilmungen ist die von Werner Herzog unter dem Titel *Jeder für sich und Gott gegen alle* aus dem Jahr 1974 hervorzuheben.

Der junge Kaspar Hauser, dargestellt von Johann Georg Laminit (1775–1848).

Mit dem Schiff zum Schlosspark

Hof- und Schlossgärten in Franken

Man kann mit dem Auto hingelangen, auf Radwegen oder mit der Bahn. Am schönsten ist es aber, die Fahrt mit dem Schiff zu wählen. In Würzburg am Main, am »Alter Kranen« legen sie ab, die Schiffe, die den Main hinauf bis Veitshöchheim fahren, der ehemaligen Sommerresidenz der Fürstbischöfe. Das Schloss, in diesem Buch auf S. 118 schon erwähnt, ist eine Besichtigung unbedingt wert. In diesem Kapitel geht es aber um den Schlossgarten.

Dieser ist einer der bekanntesten Rokokogärten Deutschlands. Fürstbischof Adam Friedrich von Seinsheim ließ ihn 1760 anlegen. Zahlreiche Bildhauer haben Brunnen und Figuren geschaffen, die verteilt über den ganzen Garten bei einem Spaziergang immer wieder überraschen. Seen und Teiche mit Wasserspielen lockern die Anlagen auf, die durch Hecken, Pavillons, Lauben, sogar künstliche Ruinen teilweise etwas unübersichtlich sind. Das aber macht auch ihren Reiz aus, gerade im Sommer, wo alles blüht und grünt. Eben wandelt man noch unter Schatten spendenden Bäumen, dann ist man plötzlich im Freien und sieht den großen See vor sich, mit Wasserspielen, den Inseln mit Skulpturen, den Wasservögeln. Im Winter hat man ein wenig mehr »Durchblick«, doch kann man ahnen, was der Garten im Sommer bietet.

Veitshöchheim ist nicht nur für die Schloss- und Schlossgartenbesichtigung gut. Man kann sich dort beispielsweise auch das Jüdische Kulturmuseum ansehen, zu dem auch die Synagoge gehört. Auf der Grundlage von Resten, die man im Boden gefunden hatte, und unter Zuhilfenahme alter Fotografien konnte die Synagoge komplett wiederhergestellt werden. Selbst der alte Bahnhof von Veitshöchheim ist sehenswert. Er entstand um 1850. Fast hätte man die Trasse für die Bahnlinie durch den Schlosspark geführt, doch ein Veto König Ludwigs I. verhinderte das. Für einen Regionalbahnhof ist er aufwendig

Das Schloss Veitshöchheim liegt nicht im Mittelpunkt, sondern am Rande des Parks.

gestaltet. Auf der Strecke zum Schloss wurde ein Königspavillon gebaut, der mit dem Bahnhof durch einen Wandelgang verbunden ist. Heute befindet sich in diesem Pavillon eine Bücherei. Eine Variante besteht darin, den Veitshöchheimer »Wein- und Kulturlehrpfad« zu begehen, der allerdings über eine Strecke von 2 Kilometern führt und Treppensteigen erfordert.

Überall am Wegrand und in Nischen findet man Sandsteinskulpturen. Von manchen wird man regelrecht überrascht.

Der Hofgarten der Würzburger Residenz

Man muss Würzburg jedoch nicht verlassen, um einen Hofgarten zu besuchen. An die Residenz anschließend ist ein solcher zu finden — etwas überschaubarer und kleiner als der in Veitshöchheim, aber nicht weniger prachtvoll. Die bei sei-

Auch im Hofgarten der Würzburger Residenz finden sich Teiche mit Wasserspielen, Sandsteinfiguren und Skulpturen.

Hinter der Würzburger Residenz schließt sofort der Hofgarten an.

ner Erschaffung bereits bestehende barocke Stadtmauer wurde in die Gartenplanung mit einbezogen. Von dort aus hat man einen wundervollen Blick über die Grünanlagen. Auch hier war es der Fürstbischof Adam Friedrich von Seinsheim, der diese in Auftrag gab.

Dazu stellte er den böhmischen Gartenkünstler Johann Prokop Mayer (1735–1804) als Hofgärtner an. Dieser teilte das Gelände in drei Teile: den Ostgarten, den Südgarten und das Areal der Gärtnerei. Geschnittene Formbäume, Hecken, Spaliere und Laubengänge sind in allen Bereichen zu finden.

Der Hofgarten ist nicht die einzige sehenswerte gestaltete Grünfläche in Würzburg. Der Landesgartenschaupark liegt zwischen Festung und Main und bietet mehrere Anlagen, die unterschiedlicher nicht sein können. Im Botanischen Garten der Universität in Heidingsfeld findet man Pflanzenarten aus aller Welt und wer zur Festung hochsteigt, kann im Burggraben den Fürstengarten bewundern.

Der Weikersheimer Schlossgarten

Haben Sie sich den Botanischen Garten angesehen, dann sind Sie fast schon auf dem Weg zum nächsten Schlossgarten in Weikersheim, ca. 40 Kilometer von Würzburg entfernt.

Vom Marktplatz in Weikersheim – schön gelegen an der Tauber – blickt man direkt auf das Schloss, das im Kern ein Wasserschloss war. Man sieht beim Hineingehen noch den Burggraben, der nun aber kein Wasser mehr enthält. Graf Wolfgang von Hohenlohe ließ die Anlage dann im Stile eines Renaissanceschlosses erweitern und Carl Ludwig von Hohenlohe-Weikersheim im 18. Jahrhundert den herrlichen Barockgarten anlegen. Das Schloss lohnt eine Besichtigung, vor allem der Rittersaal mit seiner mit Jagdszenen geschmückten Kassettendecke. Eine Ausstellung zur Alchemie, der sich der Erbauer des Schlosses gewidmet hat, ist informativ und sollte nicht ausgelassen werden, wenn man ausreichend Zeit mitbringt.

Keinesfalls sollte man aber den Besuch des Gartens versäumen. Hier zu spazieren, sich von den verschiedensten Fi-

guren überraschen zu lassen, die alle noch aus der Zeit stammen, in der der Garten angelegt wurde, und sich im Frühling und Sommer an der Bepflanzung erfreuen, das ist Erholung

Der Weikersheimer Schlossgarten lässt sich von verschiedenen Richtungen erkunden und bietet aus jeder neue Ein-Sichten.

für Körper und Geist. Der Garten wird heute noch so gepflegt, wie es im 18. Jahrhundert angedacht war. Bäume und Büsche werden im alten Stil nach geometrischen Formen beschnitten. Manche Bäumchen und Sträucher stehen nur in der warmen Zeit draußen und werden, sobald es kälter wird, zum Überwintern in die Orangerie am Ende des Parks gebracht.

Der malerische Markt-platz von Weikersheim mit seinen einladenden Straßencafés.

Versäumen Sie keinesfalls, die Zwergengalerie in Augenschein zu nehmen. Man sagt, dass diese kuriosen Gesellen Karikaturen der damaligen Hofgesellschaft darstellen sollen.

Es gibt noch weitere Gärten, etwa den romantischen Rosengarten oder den angrenzenden Obstgarten. Auch den Stadtgarten mit den alten Bäumen sollten sie nicht auslassen. Im Sommer spendet er Schatten und Kühle und im Herbst eine Farbenpracht, die dem nahenden Winter den Schrecken nimmt.

Wenn Sie nach Garten- und Schlossbesichtigung noch etwas Zeit haben, gönnen Sie dem Marktplatz noch einen Blick, vor allem dem Rokokobrunnen und der Kirche direkt dem Schloss gegenüber. Dieser dreischiffige, gotische Bau aus der Zeit des frühen 15. Jahrhunderts ist durchaus der Beachtung wert.

Man sollte die Zwergengalerie links und rechts vom Parkeingang nicht unbeachtet lassen. Jede einzelne Figur ist es wert, betrachtet zu werden.

Das Weikersheimer Schloss vom Park aus gesehen.

Der Hofgarten in Bayreuth

Möglicherweise sind Sie der Festspiele wegen nach Bayreuth gekommen oder um dem Festspielhügel im Norden der Stadt einen Besuch abzustatten, denn nur im Sommer finden dort auch tatsächlich Festspiele statt. Dann wird Ihnen der weitläufige Festspielpark nicht entgangen sein. Rhododendren, Azaleen, Rosen und andere Blühpflanzen leuchten je nach Jahreszeit in unterschiedlichen Farben. Attraktion sind, neben anderen seltenen Bäumen, Urwelt-Mammutbäume.

Brücken ermöglichen die Überquerung des Gartenkanals.

Neben dem Festspielpark sind es aber vor allem die Schloss-gärten in Bayreuth, welche die Gartenliebhaber – und nicht nur diese – anziehen. Die Hauptallee des Bayreuther Hofgartens wurde im 18. Jahrhundert als Maillebahn, ein damals übliches Kugelspiel, benutzt. Die zuvor geometrisch geformte Garten-anlage ließ Markgraf Alexander mit geschwungenen Wegen umgestalten. Er mochte die »engelländische Art«. Sie können heute zwischen schattigen Baumreihen sowohl der Sommerhitze entfliehen als auch auf offenen Freiflächen die Sonne genießen. Zum Park gehört auch ein

Gerade und baumgesäumt verlaufen die Hauptachsen des Hofgartens im Bayreuth.

Künstliche runde Inseln liegen im Kanalbecken des Hofgartens.

145

Zierkanal mit künstlich angelegten runden Inseln. Er wird vom Tappert gespeist, einem im Stadtgebiet von Bayreuth weitgehend unterirdisch kanalisierten Zufluss des Sendelbachs.

Bereits an anderer Stelle in diesem Buch wurde der Hofgarten Eremitage der Markgräfin Wilhelmine von Bayreuth erwähnt. Wilhelmine erweiterte den bereits bestehenden Garten, der zum alten Schloss gehörte, und versah ihn mit Alleen und Wasseranlagen. In den weitläufigen Anlagen kann man noch das Ruinentheater finden, während andere ihrer Bauten inzwischen verloren gegangen sind. Dafür entschädigen Grotten mit Wasserspielen und manch anderes.

Nur 5 Kilometer von Bayreuth entfernt finden Sie Schloss Fantaisie in Donndorf, den Sommersitz, den sich Prinzessin Elisabeth Friederike Sophie (1732–1780), Tochter Wilhelmine von Bayreuths, bauen ließ. Schloss und Park werden dem Namen »Fantaisie«, der bereits um 1770 der gesamten Anlage zugesprochen wurde, durchaus gerecht.

Weitere Schlossgärten in Franken

Die vorgestellten Anlagen bilden nur eine kleine Auswahl unter den Schlossgärten in Franken. Einige weitere sollen zumindest erwähnt werden. Der Barock- und Landschaftsgarten von **Schloss Werneck** dient heute u. a. den Patienten der Krankenhäuser, die im Schloss untergebracht sind, zur Erholung. Sie sind aber auch für die Öffentlichkeit zugänglich. In **Rothenburg ob der Tauber** wurde an der Stelle der ehemaligen Stauferburg, die bereits 1356 durch ein Erdbeben zerstört worden war, ein Burggarten angelegt. Alte Linden und Buchen säumen seine Wege. Aufmerksame Besucher können auch Gingkobäume entdecken. Blumenbeete sorgen das Jahr über für ein sich wandelndes Farbenspiel. Hoch über der Tauber bei der **Burg Gamburg** ist neuerdings der Burgpark wieder in der alten Form erstanden und zu besichtigen. Man gelangt durch Heckentore hinein. Im Sommer kann man dort dem Falkner zusehen. Der Terrassengarten von **Schloss Neudrossenfeld** über dem Rotmaintal stellt eine Besonderheit

dar. Wein-, Brunnen- und Obstterrassen bilden zusammen einen wunderschönen Gastgarten, der mit alten Baum- und Hekkenbestand sowie Skulpturen lockt.

Den Falknern im Burggarten der Gamburg zuzusehen ist ein eindrucksvolles Erlebnis.

Unweit von Kulmbach und Bayreuth findet man den Ort Wonsees und dort einen Felsgarten, der durch den verwunderten Ausruf einer Hofdame im 18. Jahrhundert seinen Namen bekommen haben soll: »Ah, c'est sans pareil« – den **Felsgarten Sanspareil**. Zwar wurde der **Hofgarten Ansbach** im Zweiten Weltkrieg stark beschädigt, doch hat man die Grundstruktur erhalten und wiederherstellen können. Ganz nach

Morgenländischer Bau im Felsgarten Sanspareil.

historischem Vorbild wird auch der **Hofgarten** der ehemaligen **Eichstätter Sommerresidenz** Fürstbischofs Franz Ludwig Schenk von Castell gepflegt. Zwischen dem Schlossplatz in der Innenstadt und der Festung über der Stadt **Coburg** erstreckt sich ein Landschaftspark, in dem sowohl mächtige Bäume als auch prächtige Rosen aus aller Welt zu bewundern sind. Der ursprünglich barocke Schlossgarten bei Schloss Neuhaus in **Bad Neustadt** wurde im 19. Jahrhundert zu einem englischen Landschaftsgarten umgestaltet. Mediterranes Flair bietet der Schlossgarten am Mainufer in **Aschaffenburg**. Einen Renaissancegarten mit terrassenförmiger Anlage stellt

der Schlossgarten **Hexenagger** in Altmann-
stein dar. König Ludwig I. verbrachte seine
Sommerfrische im Staatsbad **Bad Brückenau**. Auf seine Anregungen hin wurde der

*Frühstückspavillon
im Schlossgarten von
Aschaffenburg.*

Schlosspark durch Andrea Gallasini, den Hofarchitekten der
Fürstäbte von Fulda, entworfen.

Nicht alle Schlossgärten sind in dieser Aufzählung erwähnt und auch all die Kloster- und Kurgärten können hier
nicht genannt werden. Sie müssen aber nirgendwo in Franken weit fahren, um auf einen prächtigen Garten zu treffen,
in dem Sie Ruhe, Erholung und Anregungen für all Ihre Sinne
finden können.

Märchenhafte Orte

Wie ein Apotheker Schneewittchen wachküsste

In Franken gibt es zahlreiche Orte, die man als »märchenhaft« bezeichnen könnte. Ebenso lassen sich gewisse Landschaften – etwa die Fränkische Schweiz, die karge Rhön, das liebliche Taubertal – mit demselben Adjektiv belegen. Schaut man genauer hin, dann lassen sich aber sogar »Märchenorte« im Wortsinne finden.

Schneewittchen in Lohr

Lohr am Main soll die erste Station sein auf der Suche nach diesen Märchenorten. Es ist keine schlechte Idee, den Spaziergang durch die Stadt mit einem Besuch des Bayersturms zu beginnen. Dieser ist ohnehin gut sichtbar, da er alles überragt. Hat man die 140 Treppenstufen geschafft, wird man mit einem schönen Ausblick über die Stadt und das Umland belohnt. Der Bayersturm, der letzte noch erhaltene Turm der ehemaligen Stadtbefestigung, stammt aus dem 14. Jahrhundert und ist das Wahrzeichen der Stadt Lohr. Nicht nur der Ausblick von ihm ist interessant, sondern auch sein Inneres, denn hier wurde eine Türmerwohnung als Museum eingerichtet.

Durch die Altstadt von Lohr zu spazieren ist schön. Die alten Fachwerkhäuser im fränkischen Stil, einige davon noch aus dem 16. Jahrhundert, sind sehenswert. Eile ist nicht angebracht. Man gelangt unweigerlich zum Lohrer Schloss, bereits im 14. Jahrhundert von den Grafen von Rieneck erbaut und nach dem Aussterben dieser Familie von den Mainzer Kurfürsten übernommen. Das heutige Schloss ist aber neueren Datums und nur noch wenige Teile lassen sich auf die erste Bauperiode zurückführen. Im Schloss befindet sich das Spessartmuseum.

Bereits davor wird man von Schneewittchen und den sieben Zwergen begrüßt, was nicht überrascht, denn dass Lohr am Main sich damit brüstet, die wahre Geschichte dieses Mär-

chens sei hier vor Ort geschehen, ist inzwischen hinlänglich bekannt geworden.

Das Lohrer Schloss stammt in seinen ältesten Teilen aus dem späten 14. Jahrhundert, bekam aber erst in den darauffolgenden Jahrhunderten seine heutige Gestalt.

Nach dem Tode der Königin nimmt sich der König eine neue Frau, die sehr schön und eitel ist und es nicht leiden kann, dass die Stieftochter sie an Schönheit zu übertreffen scheint. Zumindest sagt das ihr sprechender Spiegel. Die böse Königin beauftragt einen Jäger, das Mädchen in den Wald zu führen und zu töten. Der bringt das jedoch nicht über das Herz und lässt Schneewittchen laufen. Diese findet im Wald zu den sie-

ben Zwergen, bei denen sie bleibt und ihnen den Haushalt führt. Über den Spiegel erfährt die böse Königin aber davon, geht nun selbst hin und überreicht dem Mädchen in einer Verkleidung einen vergifteten Apfel. Schneewittchen fällt wie tot zu Boden und wird von den Zwergen ob ihrer Schönheit in einen gläsernen Sarg gelegt. Ein vorbeireitender Königssohn sieht das Mädchen im Sarg, verliebt sich in die vermeintlich Tote und nimmt den Sarg mit, weil er ohne ihren Anblick nicht mehr leben zu können meint. Der Sarg fällt jedoch zu Boden, das giftige Apfelstück rutscht dabei aus Schneewittchens Hals und siehe da – sie erwacht. Nun wird Hochzeit gehalten und als die böse Königin erscheint, muss sie in rot glühenden Eisenpantoffeln solange tanzen, bis sie tot zusammenbricht.

Bereits vor dem Schloss wird man von Schneewittchen und den sieben Zwergen begrüßt.

Diese Geschichte glaubt nun der Lohrer Apotheker Karlheinz Bartels in seiner Heimat verorten zu können. 1986 ver-

öffentlichte er die Schrift *Schneewittchen – Zur Fabulologie des Spessarts*, in der er nachzuweisen versuchte, dass die Lohrerin Maria Sophia Margareta Catharina von Erthal das Vorbild für Schneewittchen gewesen sein müsse. Die Zwerge führte er auf die kleinwüchsige Bevölkerung des Spessarts zurück. Der sprechende Spiegel ließ sich auch finden und ist heute im Schlossmuseum ausgestellt. Sprechen kann der Spiegel allerdings nicht, es sind lediglich aufgemalte Sinnsprüche auf seinem Rahmen zu finden. Bei genauer Beschäftigung mit dem Märchen, insbesondere auch mit seinen Vorläufern – die Brüder Grimm waren ja nicht die ersten, die dieses Motiv schriftlich fixierten –, ist diese These nicht zu halten, zumal auch andere Orte für sich reklamieren, den Ursprung für dieses Märchen liefern zu können (Alfeld in Niedersachsen beispielsweise). Trotzdem hat Lohr es geschafft, daraus eine touristische Attraktion zu machen und dieses Märchen an die Stadt zu binden, was man keineswegs verübeln sollte.

Bartels Deutung beruht darauf, dass die Brüder Grimm das Märchen kurz nach dem Tod seines Vorbilds niedergeschrieben haben. Dass dies an sich schon unwahrscheinlich ist, nach so kurzer Zeit eine märchenhafte Verwandlung eines realen Geschehnisses zu finden, ist eines. Das andere ist, dass der Stoff europaweit in Variationen existiert und in teilweise viel älteren Fassungen. Bereits Johann Karl August Musäus (1735–1787) veröffentlichte dreißig Jahre vor den Grimms mit »Richilde« eine Variante dieses Motivs.

Musäus ist vor allem für sein Märchen vom Rübezahl, dem Berggeist aus dem Riesengebirge, bekannt geworden. Dies ist aber nur eines seiner »Volksmährchen«, die in fünf Bänden von 1782 bis 1786 erschienen. Im fünften Band findet sich das Märchen »Der Schatzgräber«, das in Rothenburg ob der Tauber spielt:

Am Dienstage nach Bartholomäi, des Jahrs als Kaiser Wenzel mit der schönen Bademagd der Prager Haft entfloh, hielt nach altem Herkommen die Schäfergilde zu Rotenburg in Franken, soviel Teilhaber drei Meilweges im Umkreis um diese Reichsstadt weideten, den jährlichen Umgang, und nachdem sie in der Sankt Wolfgangs-Kirche vor dem Klingentor Messe gehört, zogen sie ins Wirtshaus zum Güldnen Lamm, lebten den ganzen Tag in Saus und Schmaus, flöteten und schalmeieten, und hielten ihren Schäfertanz auf offnem Markte bis zu Sonnenuntergang.

So beginnt das Märchen. Der Schatz wird letztendlich nicht in Rothenburg, sondern auf dem Brocken im Harz gesucht, doch manches aus diesem Märchen lässt sich in Rothenburg ob der Tauber auch heute noch finden. Etwa die Wolfgangskirche am Klingentor, eine sehenswerte Wehrkirche, die Teil der Stadtmauer und -befestigung war. Es gibt nicht nur das zu einer Kirche gehörende Kirchenschiff mit Bänken und Altar, sondern auch Kasematten, unterirdische Gänge und heute außerdem ein eingerichtetes Museum, das von der Schäfergilde berichtet. Der historische Schäfertanz wird auch unserer Tage noch in Rothenburg auf dem Marktplatz aufgeführt.

Blick über die Dächer von Rothenburg. Dass Rothenburg selbst eine märchenhafte Stadt ist, erkannte man sogar in Hollywood. Ein Teil der Filmaufnahmen zum Spielfilm The

Wonderful World of the Brothers Grimm wurde 1961 in der Stadt gedreht (außerdem u. a. in Dinkelsbühl und Schloss Weikersheim). Eine Tafel an der Stadtmauer kündet heute noch davon.

Das Wirtshaus im Spessart

Der Spessart ist ein Mittelgebirge zwischen Rhön, Aschaffenburg und Odenwald, das lange als Räubergebiet verrufen war. Seine Wälder boten auch einen guten Rückzugsort. Es ist verständlich, dass Wilhelm Hauff hier eine seiner Märchennovellen ansiedelte, die im dritten Band seiner Märchenalmanache sogar eine Rahmenerzählung liefert.

> *Ein Gold- und ein Zirkelschmied treffen in einem Gasthaus auf einen Studenten und einen Fuhrmann. Aus Angst vor Räubern beschließen sie, nicht zu schlafen. Um wach zu bleiben, erzählen sie sich Märchen. Später kommt noch eine Gräfin in Begleitung eines Jägers hinzu. Als sich tatsächlich Räuber nähern, verkleidet sich der noch bartlose junge Goldschmied als Gräfin und lässt sich an ihrer statt mitnehmen, denn die Räuber wollen für sie ein Lösegeld erpressen. Jäger und Student lassen sich ebenfalls gefangen nehmen.*

Wie sich dann alles wendet und noch zu einem überraschenden Schluss kommt, ist sicher bekannt. Wenn nicht, lohnt es sich, dies nachzulesen.

Da die Erzählung rein erfunden ist, lässt sich »das« Wirtshaus im Spessart natürlich nicht ausmachen. Man kann aber den Spessart bereisen und hier oder da einen Gasthof besuchen und sich vorstellen, wie es vor zweihundert Jahren dort gewesen sein mag. Wer es ganz authentisch möchte, kann sogar einen Räuberüberfall buchen. Weniger Abenteuerlustige wählen stattdessen eine Fahrt mit Pferd und Wagen durch den Spessart. Bei Bad Orb gibt es aber ein »Wirtshaus am Spessart« mit »Café Wegscheide«. Und das Schlosshotel Mespelbrunn, das von manchen »das echte Wirtshaus im Spessart« genannt wird – wie auch immer man das »echt« interpretieren mag –, liegt immerhin mitten im Spessart.

Hoffmanns Bamberg

Ernst Theodor Amadeus Hoffmann (1776–1822) stammte aus Königsberg, verbrachte aber die Jahre von 1808 bis 1816 in Bamberg, wo er als Musikdirektor, Dirigent, Dramaturg, Kulissenmaler, Musiklehrer, Komponist und zunehmend auch als Schriftsteller arbeitete. Unter seinen Erzählungen finden sich u. a. Kunstmärchen wie »Klein Zaches, genannt Zinnober« und »Nußknacker und Mausekönig«. Obwohl Hoffmann von Bamberg nach Berlin zog und dort auch starb, gilt Bamberg heute als Hoffmann-Stadt.

Das Theater, an dem der Künstler arbeitete, gibt es heute noch. Es ist das E.T.A.-Hoffmann-Theater am E.T.A.-Hoffmann-Platz 1.

Am Schillerplatz 26 steht das schmale E.T.A.-Hoffmann-Haus, in dem sich die Wohnung des Dichters und Komponisten befand. Haus und Garten können von Mai bis Oktober besichtigt werden. Sich den Dichter vorzustellen, wie er hier mit seiner Familie und dem Vorbild seines »Kater Murr« gelebt hat, ist ein reizvolles Gedankenspiel bei der Besichtigung.

Wer mehr will, kann den Spuren Hoffmanns durch Bamberg auf einem E.T.A.-Hoffmann-Weg folgen. Es gibt sogar einen Audioführer, den man beim Kulturamt der Stadt ausleihen kann. Der Rundweg führt vom ersten Wohnhaus in der Nonnengasse über viele Stationen bis zum E.T.A.-Hoffmann-Haus am Schillerplatz.

Märchenhaftes Franken anderswo

Im Unterfränkischen Landkreis Rhön-Grabfeld findet sich bei Bad Königshofen der Ort Sambachshof. Seit 1970 gibt es dort einen sogenannten Märchenwald, der heute allerdings eher ein Freizeitpark mit Karussells, Autorennbahn und Ähnlichem ist. Aber er enthält auch Rundwege zu einzelnen Märchendarstellungen, deshalb soll er nicht unerwähnt bleiben.

In Walldorf bei Meiningen, im fränkischen Thüringen, gibt es eine Sandstein- und Märchenhöhle. Dort wurde früher feinkörniger Sand abgebaut, der als Löschmaterial für Tinte benö-

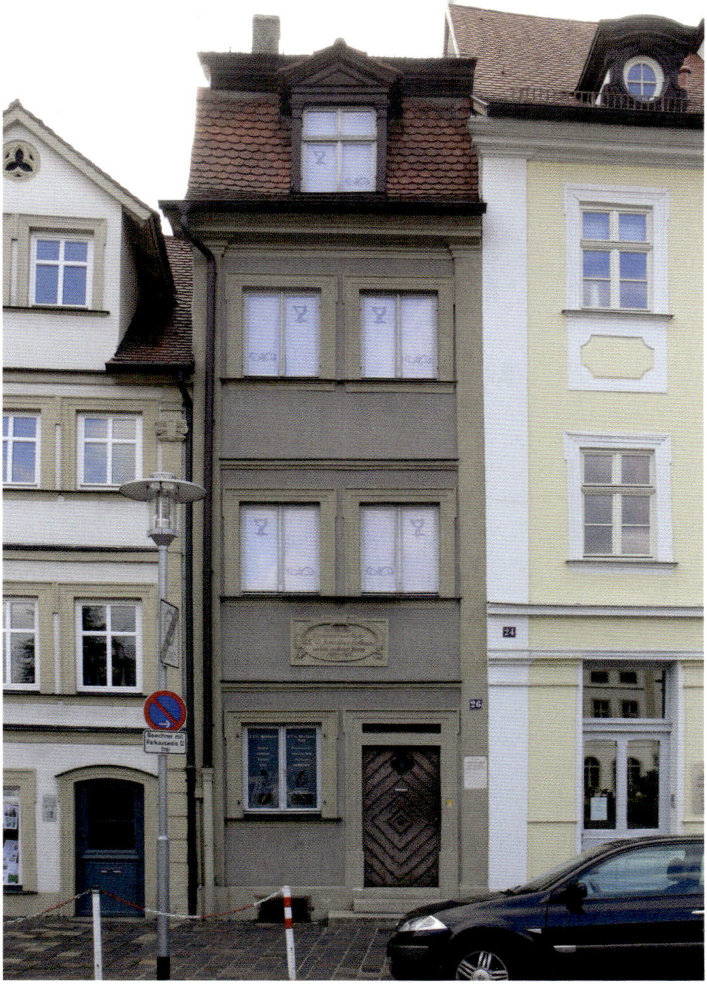
24
26

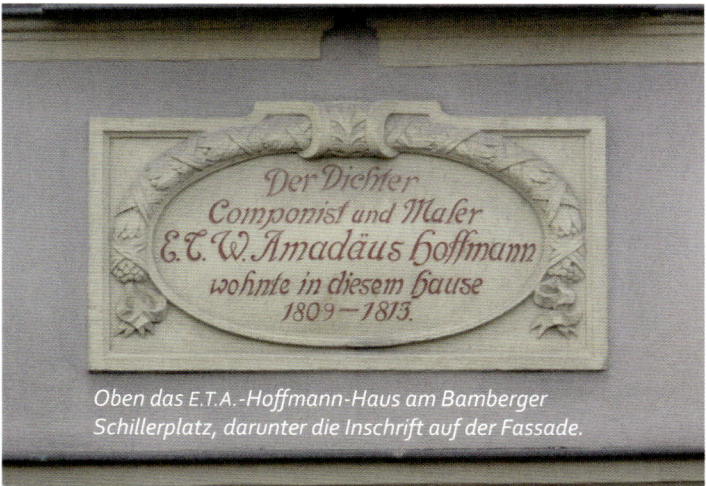

Der Dichter
Componist und Maler
E.T.W. Amadäus Hoffmann
wohnte in diesem Hause
1809 – 1813.

Oben das E.T.A.-Hoffmann-Haus am Bamberger Schillerplatz, darunter die Inschrift auf der Fassade.

tigt wurde. Nach dem Ersten Weltkrieg stellte man die Sand-
gewinnung dort ein. In den übriggebliebenen Höhlen und
Gängen installierte man 1957 erstmals Märchenszenen nach
Grimm und Bechstein. Letzterer war als Adoptivsohn des dortigen Gründers der Forstakademie mit dem Ort Meiningen
verbunden.

Ludwig Bechstein kam 1801 in Weimar unehelich zur Welt
und wuchs bei Pflegemüttern auf, bis er 1810 adoptiert wurde.
Adoptivvater war sein Onkel Johann Matthäus Bechstein. Dieser sorgte dafür, dass der Junge das Gymnasium in Meiningen
besuchte und in Arnstein eine Apothekerlehre machte. Ab
1822 war er als Apothekergehilfe in verschiedenen Apotheken
in Meiningen und Salzungen tätig. Da ihn die berufliche Tätigkeit nicht befriedigte, beschäftigte er sich auch mit literarischen Arbeiten. 1823 erschien als erstes Buch *Thüringische
Volksmärchen*. Herzog Bernhard II. von Sachsen-Meiningen
wurde auf den jungen Literaten aufmerksam, ermöglichte
ihm ein Studium, ernannte ihn 1831 zum herzoglichen Kabi-
nettsbibliothekar in Meinigen und zwei Jahre später zum Leiter der Herzoglichen öffentlichen Bibliothek. Bechstein legte
weitere Sammlungen von Sagen und Märchen vor, aber auch
Novellen, Romane und andere Schriften. Bekannt ist er heute
hauptsächlich wegen der Märchen und Sagen. Ein Besuch des
Meininger Museums bringt so manche Information über den
Dichter und Sammler zutage, an seinem ehemaligen Wohnhaus hat man eine Gedenktafel angebracht, ein Märchen-
brunnen ist nach ihm benannt und auf dem Friedhof lässt
sich seine Grabstätte finden. Ein Besuch von Meiningen emp-
fiehlt sich, wenn man ein wenig mehr über Ludwig Bechstein
und sein Lebensumfeld erfahren möchte.

Bischofsgrün im oberfränkischen Landkreis Bayreuth hat
einen Märchenwanderweg zu bieten. Auf einer Länge von
2 Kilometern sind Infotafeln mit Märchenmotiven zu finden.
Der Weg beginnt am Brunnen an der Laudien-Rathaus-Gale-
rie und führt landschaftlich reizvoll an vielen Bächen, Felsen
und Brunnen vorbei. Gedacht ist der Weg natürlich in erster
Linie für Familien mit Kindern, die dazu auch noch ein Mal-
buch bekommen können, das zu dem Weg herausgegeben
wurde.

Einen Märchenweg gibt es auch in der Fränkischen Schweiz bei Mengersdorf. Auf zehn Stationen regen Märchentafeln die Kinder an, die Geschichten nachzuspielen.

In der Märchenhöhle in Walldorf werden Märchenszenen dargstellt, hier aus »Dornröschen«.

In der Bayreuther Eremitage und auf der Plassenburg finden von Mai bis Oktober Märchenführungen mit einer Erzählerin statt. Keineswegs sind diese nur auf Kinder beschränkt.

Ebenfalls nicht nur für Kinder interessant ist das Märchentheater in Aschaffenburg, in dem Märchen der Brüder Grimm auf die Bühne gebracht werden, daneben aber durchaus auch Theater für Erwachsene gespielt wird. Man kann sich sogar ein eigenes Stück schreiben lassen oder die Kunst des Geschichtenerzählens in Kursen erlernen.

Die Pulvermühle in Waischenfeld

Dichter und Künstler in Franken

Im Luftkurort Waischenfeld in der Fränkischen Schweiz gibt es eine Mühle, die ganz anders ist, als man sich gemeinhin eine Mühle vorstellt: In der »Pulvermühle« wurde kein Korn zu Mehl gemahlen, sondern Schwarzpulver produziert. Da diese explosive Mischung aus gemahlener und zerkleinerter Holzkohle, Schwefel und Salpeter hergestellt wurde, hat sich der Name »Pulvermühle« für diese Art von Betrieben einge-bürgert. Sie sind heute nicht mehr in Gebrauch – die letzten wurden Anfang des 20. Jahrhunderts geschlossen –, aber es gibt einige historische Schwarzpulvermühlen, die noch be-sichtigt werden können.

Die Pulvermühle in Waischenfeld bietet heute Ferienwoh-nungen an. Man kann sich dort einmieten und von dort aus die Fränkische Schweiz erkunden. Bekannt wurde die Pulver-mühle durch die letzte Tagung der »Gruppe 47«, einer losen Verbindung deutscher Schriftsteller, die im Jahr 1967 hier ihr letztes Treffen hatte. Der Literat Hans Werner Richter (1908–1993) hatte seit 1947 deutschsprachige Autoren und Kritiker zusammengerufen, die Texte vorstellten und gegenseitig kri-tisierten. Es gab keine offizielle Organisation und keine Mit-gliederlisten, die Teilnehmer/-innen wurden vielmehr durch die Einladungen Richters bestimmt. Unter ihnen waren z. B. Wolfdietrich Schnurre, Heinrich Böll, Ingeborg Bachmann, Günter Grass und Martin Walser. Das besagte letzte Treffen in der Pulvermühle wurde von Studentenprotesten begleitet. In-nerhalb der Gruppe brachen Differenzen auf. Richter plante noch eine abschließende Zusammenkunft, dazu kam es dann jedoch nicht mehr – die Gruppe löste sich auf.

Anfang der 1990er Jahre geriet die Pulvermühle noch ein-mal in die Schlagzeilen. Der ehemalige Schachweltmeister Bobby Fischer, der seinen Aufenthaltsort häufig wechselte, hatte sich dort versteckt, bis er von einem Reporter entdeckt wurde.

Wunsiedel

Das klassizistische Stadtbild von Wunsiedel ist den vielen vorangegangenen Bränden geschuldet. Seit 1476 gab es in jedem Jahrhundert mindestens einen Brand, wodurch Teile der Stadt zerstört wurden. Dem letzten Großbrand 1834 fielen zwei Drittel Wunsiedels zum Opfer. In die Presse kam die Stadt einige Jahre lang durch Großdemonstrationen der rechten Szene anlässlich des Todestages von Rudolf Heß, der dort begraben lag. Die Bewohner Wunsiedels wehrten sich jedoch auf ihre Weise dagegen. Im Jahr 2014 funktionierten sie den »Trauermarsch« in den »unfreiwilligsten Spen-

Der Marktplatz von Wunsiedel wird geprägt durch das klassizistische Rathaus.

Die Stadt Wunsiedel hat ein Denkmal zu Ehren Jean Pauls aufgestellt.

WUNSIEDEL
SEINEM
JEAN PAUL
FR. RICHTER
MDCCCXLIV

denlauf Deutschlands« um. Unterstützer aus der Region spendeten für jeden gelaufenen Meter 10 Euro an die Initiative »Exit Deutschland«, die Aussteigern aus der rechten Szene hilft. Rudolf Heß' Grab hatte man bereits im Juli 2011 aufgelöst.

Der berühmteste Sohn der Stadt wurde allerdings nicht in Wunsiedel begraben. Jean Paul Friedrich Richter (1763–1825) fand in Bayreuth auf dem Stadtfriedhof seine letzte Ruhestätte. Dafür hat man ihm in Wunsiedel aber ein Denkmal gesetzt und im Norden der Stadt einen Jean-Paul-Rundwanderweg eingerichtet. Berühmt wurde der Schriftsteller schon zu Lebzeiten unter dem Künstlernamen **Jean Paul** – bestehend aus seinen ersten beiden Vornamen –, unter dem er seine Werke veröffentlichte.

Die Kreisstadt im Fichtelgebirge hat noch einiges mehr zu bieten als die Erinnerung an den Dichter. Das Luisenburg-Felsenlabyrinth etwa, vor dem auch Festspiele stattfinden, oder das Schloss im Ortsteil Bernstein; daneben gibt es das Fichtelgebirgsmuseum und das Deutsche Natursteinarchiv.

Bayreuth

Von Wunsiedel nach Bayreuth – oder umgekehrt – ist es nicht weit. Bekannt ist Bayreuth heute vor allem als Wagnerstadt, nicht zuletzt durch das Festspielhaus und die jährlich stattfindenden Festspiele (siehe S. 192 f.). Bayreuth kann aber noch auf weitaus mehr Künstler verweisen, die in der Stadt geboren wurden oder dort lebten. Etwa auf den Barockmaler **Michael Conrad Hirt** (1613–1671). In Bayreuth geboren, aufgewachsen und ausgebildet, verschlug es ihn später nach Lübeck und Berlin, wo er am Neuaufbau der königlichen Residenz mitwirkte. 1663 kehrte er in seine fränkische Heimat zurück.

Auch Johann Caspar Schmidt (1806–1856), besser bekannt unter dem Namen **Max Stirner**, wurde in Bayreuth geboren. Da sein Vater früh starb und seine Mutter nach der Wiederverheiratung fortzog, wuchs er in Bayreuth bei seinen Pateneltern auf. Er studierte nach dem Abitur am Humanistischen Gymnasium in Berlin bei Hegel und Schleiermacher, bekam jedoch nach dem Abschluss im Jahr 1835 keine staatliche Anstellung, sondern erst 1839 an einer privaten Schule für höhere Töchter in

Das Geburtshaus Max Stirners ist heute mit einer Tafel versehen, die an den Philosophen erinnert.

Berlin. Im Jahr 1844 erschien sein Hauptwerk *Der Einzige und sein Eigentum*. Später übersetzte er Adam Smiths *The Wealth of Nations* ins Deutsche. Stirner starb bereits 1856 durch eine Infektion, die durch einen Insektenstich verursacht worden war.

> **Stirners Hauptwerk** Der Einzige und sein Eigentum *entstand aus Diskussionen im Berliner Debattierklub »Die Freien« u. a. mit Ludwig Feuerbach und Bruno Bauer, die als Junghegelianer gelten. Er warf ihnen vor, dass sie ihre atheistische Aufklärung*

allzu fromm betrieben. Die Bescholtenen reagierten mit hefti-
ger Kritik. Auch Friedrich Engels und Karl Marx meinten, Stel-
lung nehmen zu müssen. Engels bezeichnete Stirner als den
Gründungsvater des Anarchismus, übersah dabei aber, dass er
auch Anarchisten, die sich selbst als solche bezeichneten, pole-
misierte. Die Wirkung Der Einzige und sein Eigentum war zu-
nächst eine indirekte. Marx reagierte darauf mit der Ausar-
beitung seiner Theorie des Historischen Materialismus. Stirners
Werk geriet zwischenzeitlich in Vergessenheit, wurde aber im-
mer wieder hervorgeholt, vornehmlich um vor ihm zu warnen.
Eine Reihe von Persönlichkeiten berief sich aber letztendlich
doch auf ihn: John Henry Mackay, Rudolf Steiner, Wilhelm
Reich und Ernst Jünger, um nur die bekannteren zu nennen.

Auch **Max von der Grün** (1926–2005), bedeutender Vertreter
der »Literatur der Arbeitswelt«, wurde in Bayreuth geboren,
verbrachte sein Leben aber im Ruhrgebiet. Zahlreiche seiner
Werke, die heute im Rahmen einer auf zehn Bände angelegten Werkausgabe erscheinen, wurden verfilmt.

Wilhelmine von Preußen (1709–1758), die Schwester Fried-
richs des Großen, verbrachte ihr Leben nach ihrer Heirat mit
Friedrich von Brandenburg-Bayreuth in der Stadt. Sie war aber
nicht nur einfach Markgräfin als »Anhängsel« ihres Mannes, sondern nahm nach dem Tod ihres Schwiegervaters regen Anteil
an den Regierungsgeschäften und unterstützte ihren Gatten
nach Kräften. Von diesem bekam sie zu ihrem 35. Geburtstag
die Eremitage bei Bayreuth geschenkt, dessen Landschaftspark sie in den folgenden Jahren ausbaute. Die Parkanlage mit
den Gebäuden wurde im April 1945 stark zerstört. Ein Wiederaufbau fand nur äußerlich statt, eine umfassende Sanierung
des alten Schlosses ist seit 2005 im Gange. Besichtigungen der
Eremitage sind nur mit Führungen möglich. Wilhelmine war
aber auch den Wissenschaften und den Künsten zugetan. Sie
organisierte aufwendige Opernaufführungen in Bayreuth,
schrieb selbst mehrere Libretti und komponierte auch eine
eigene Oper. Wilhelmine spielte die Laute, war Schülerin des
berühmten Dresdener Lautenisten Silvius Leopold Weiss und
holte den Lautenvirtuosen **Adam Falckenhagen** (1697–1754)
an den Hof. Am 14. Oktober 1758 verstarb sie in Bayreuth.

Auch wenn sie selbst keine künstlerische Laufbahn einschlug: Nicht vergessen werden darf **Maria Anna Thekla Mozart** (1758–1841), Mozarts »Bäsle«, die durch die Briefe, die sie mit Wolfgang Amadeus Mozart tauschte, bis heute unvergessen ist. Erhalten blieben allerdings nur Mozarts Briefe an seine Cousine.

Franz Liszt (1811–1886), Klaviervirtuose und Komponist, Schwiegervater Richard Wagners – der Cosima, die Tochter Liszts, geheiratet hatte –, liegt auf dem Stadtfriedhof in Bayreuth begraben. Er kam, schon schwer krank, Ende Juli 1886 in der Stadt an, um seiner Tochter beizustehen, die die Festspiele leitete, starb aber wenige Tage nach seiner Ankunft am 31. Juli 1886.

Bamberg

Mit Bamberg sind eine Reihe von Persönlichkeiten verbunden, die literarisch oder künstlerisch tätig waren oder sind. Der wohl älteste ist **Ezzo** (geb. um 1100), ein Kanoniker und Lehrer an der dortigen Domschule. Von ihm stammt das frühmittelhochdeutsche Ezzolied. **Hugo von Trimberg** (1230–1313), der das Lehrgedicht »Der Renner« schrieb, wirkte an der Bamberger Lateinschule. **Wilhelm Heinrich Wackenroder** (1773–1798) verfasste mit Ludwig Tieck die kunsttheoretische Aufsatzsammlung *Herzensergießungen eines kunstliebenden Klosterbruders* und trug damit zur Entwicklung der deutschen Romantik bei. **Georg Wilhelm Friedrich Hegel** (1770–1831) war Chefredakteur der Bamberger Zeitung, verließ die Stadt jedoch, als er mit dem bayerischen Pressegesetz in Konflikt geriet. Nicht zuletzt ist **Hans Wollschläger** (1935–2007) zu nennen, der lange in Bamberg wohnte und dort auch sterben sollte. Wollschläger wurde als Übersetzer, z. B. von James Joyces *Ulysses*, aber auch als Autor und Mitbegründer der Karl-May-Gesellschaft bekannt.

Ganz besonders wird heute jedoch **Ernst Theodor Amadeus Hoffmann** (1776–1822) mit der Stadt Bamberg in Verbindung gebracht (siehe auch S. 156). Er nahm im Jahr 1808 seine Tätigkeit als Musikdirektor hier auf, musste aber bald schon seinen Posten quittieren, weil er und das Orchester nicht kompatibel waren. Er arbeitete trotzdem weiterhin als Theaterkomponist. Da dies aber nicht einträglich genug war, führte er Regie, gestaltete die Bühnenkulissen mit, gab Privatunterricht und begann zu schreiben. In eine seiner Schülerinnen, die fünfzehnjährige Julia Marc, verliebte er sich und bescherte der Familie so manche Szene. Das Mädchen will von all dem nichts gemerkt haben (mit solch einer Ignoranz hat ja manch anderer junger Mann bis heute noch zu kämpfen). Allerdings regte Julia den Dichter Hoffmann zu einigen interessanten Frauenfiguren in seinem Werk an. Er verließ im Jahr 1813 die Stadt, weil es für ihn dort keine Perspektive gab. In seinem Wohnhaus – dem zweiten, das er in Bamberg bewohnte – ist heute ein Museum eingerichtet.

Nürnberg

Unter den vielen mit Nürnberg assoziierten Künstlern und Dichtern ragt insbesondere **Hans Sachs** (1494–1576) hervor. Der Sohn eines Schneidermeisters machte nach der Lateinschule eine Schuhmacherlehre und ging anschließend wie damals üblich auf Gesellenwanderung. In Innsbruck entschloss er sich zum Studium des Meistersangs, einer Dichtkunst, die sich auf die Minnesänger berief, aber viel strengeren Regeln unterlag. In München nahm er Unterricht bei Meister Lienhard Nunnenbeck. 1516 kehrte er nach Nürnberg zurück, wurde 1520 Schuhmachermeister, Zunftmitglied und Meistersinger der dortigen Sängerzunft. Richard Wagner sollte ihm später in seiner Oper *Die Meistersinger von Nürnberg* ein literarisches und musikalisches Denkmal setzen.

Hans Sachs stellte sich früh auf die Seite der Reformation und schrieb auch darüber. Insbesondere mit seinem Gedicht »Die wittenbergische Nachtigall« wurde er bald über die Grenzen Nürnbergs hinaus bekannt:

Wacht auf, es nahent gen dem tag!
ich hör singen im grünen hag
ein wunnikliche nachtigal;

ir stim durchklinget berg und tal.
die nacht neigt sich gen occident,
der tag get auf von orient,
die rotbrünstige morgenröt
her durch die trüben wolken get,
daraus die liechte sunn tut blicken,
des mones schein tut sie verdrücken;
der ist iez worden bleich und finster,
der vor mit seinem falschen glinster
die ganzen hert schaf hat geblent,
das sie sich haben abgewent
von irem hirten und der weid
und haben sie verlaßen beid,
sind gangen nach des mones schein
in die wiltnus den holzweg ein,
haben gehört des leuen stim
und seint auch nachgefolget im,
der sie geführet hat mit liste
ganz weit abwegs tief in die wüste.
[...]

Hans Sachs: *Dichtungen.*
Spruchgedichte, Leipzig 1885.

Das Hans-Sachs-Denk-mal auf dem Nürnberger Hans-Sachs-Platz.

HANS
SACHS
1494
1576

Neben Gedichten, meist in Knittelver-sen verfasst, schrieb Hans Sachs auch Schwänke und Fastnachtsspiele. Die-se werden heute an vielen Orten auf-geführt, so auch in Rothenburg ob der Tauber. Mehr als 6 000 Wer-ke hatte Sachs bis zu seinem Tod 1576 geschaffen; bestattet wurde er auf dem Nürnberger Jo-hannisfriedhof.

Dieser beherbergt auch die Grä-ber von **Albrecht Dürer** (1471– 1528) und **Veit Stoß** (1447–1533). Beide waren bedeutende bildende Künst-ler der Spätgotik, wobei Dürer, ob-

*Der Nürnberger St. Johannesfriedhof
zählt zu den schönsten Friedhöfen
Deutschlands. Die Gräber von
Hans Sachs, Albrecht Dürer und
Veit Stoß sind dort zu finden.*

Albrecht Dürers berühmtes Selbstbildnis, entstanden 1500.

wohl früher verstorben, bereits zu den herausragenden Vertretern der Renaissance gerechnet wird. Während Dürer vermögend und hochgeehrt war, lebte Stoß in einer Werkstatt im Armenviertel der Stadt. Er war bei den Nürnbergern in Ungnade gefallen, weil er sich gegen einen Betrug mit

Diese hübsche Fachwerkhaus war ab 1509 die Wohn- und Arbeitsstätte Albrecht Dürers in Nürnberg.

einer Fälschung wehren wollte. Das kam aber heraus und man ließ keine Gnade walten. Selbst als Kaiser Maximilian, der Stoß sehr gewogen war, den Prozess unter seiner Führung wiederholen ließ und den Künstler freisprach, änderte dies die Meinung der Nürnberger nicht. Wegen seines Talents erhielt er dennoch bedeutende Aufträge, u. a. vom Kaiser. Werke von Stoß findet man heute im Germanischen Nationalmuseum in Nürnberg, in der Sebalduskirche, der Frauenkirche, der Lorenzkirche und im Bamberger Dom. Sein Hauptwerk, der Krakauer Hochaltar, steht in der Marienkirche der polnischen Stadt.

Veit Stoß' 1516 erschaffene Skulptur zeigt den Erzengel Raphael und Tobias. Sie ist heute im Germanischen Nationalmuseum in Nürnberg zu sehen.

Coburg und Schweinfurt

Kommt man auf den Marktplatz von Schweinfurt, so fällt sofort das große Denkmal mitten auf dem Platz, gegenüber dem Rathaus, auf. Der Mann, der dort in einem Lehnsessel sitzt, den Kopf in die rechte Hand gestützt, ist **Friedrich Rückert**, 1788 in Schweinfurt geboren und 1866 in Neuses, das heute zu Coburg gehört, gestorben. Rückert war Dichter, Übersetzer, Sprachgelehrter. Mit 44 Sprachen soll er sich beschäftigt haben, von Afghanisch über Berberisch, Gotisch, Hawaiisch, Koptisch, Litauisch, Pali, Sanskrit und Tamil bis Türkisch. Sprachen also aus der ganzen Welt und allen Zeitaltern. Rückert reiste nach Italien, hielt sich in Würzburg, Stuttgart, Coburg und Berlin auf und lehrte auch als Professor der orientalischen Sprachen in Erlangen. Ab 1848 wählte er seinen Ruhesitz in Neuses bei Coburg, wo er bis zu seinem Tod blieb.

Außer in Schweinfurt findet man in Coburg-Neuses und Berlin Denkmäler für den Gelehrten. Die beiden weiblichen Figuren am Fuße des Denkmalsockels in Schweinfurt sind allegorisch zu deuten. Sie stehen für die Gedichtzyklen »Geharnischte Sonette« und »Die Weisheit des Brahmanen«.

Die weiblichen Figuren am Schweinfurter Rückertdenkmal stehen als Allegorien für seine Gedichtzyklen.

Würzburg

Der Schriftsteller **Max Dauthendey**, 1867 in Würzburg geboren und 1918 in Malang auf Java an einer Malariaerkrankung gestorben, musste eine weite Reise machen, um in seiner Heimatstadt begraben zu werden. 1930 brachte man seine sterblichen Überreste nach Würzburg und setzte sie im ehemaligen Lusamgärtchen nahe Walther von der Vogelweides Grab bei. 1951 bettete man Dauthendeys Sarg in das Familiengrab auf dem Würzburger Hauptfriedhof um. Wenig mehr als dieses Grab ist von Max Dauthendey heute noch in Würzburg zu finden. Sein Waldhaus im Guggelesgrabenweg, auf der linken Mainseite bei Höchberg, kann von außen aus einiger Entfernung betrachtet werden. Dauthendey hatte das Grundstück von einer überraschenden Honorarzahlung erworben und sich für den Hausbau hoch verschuldet. Er hat nicht lange darin gelebt, denn von der Reise, die er im August 1913 antrat, kehrte er nicht mehr lebend zurück. Geblieben sind seine Novellen, Erzählungen und Gedichte. Sie sind auch heute noch lesenswert. In seiner Sammlung »Frühlingslieder aus Franken« widmete Dauthendey auch Walther von der Vogelweide ein paar Zeilen:

Ein lustsam Gärtlein auf weißem Papier,
nie welke drinnen Lied noch Blatt.
Buchstaben stehen als Blumen hier,
aus Reim und Zeil' es Landschaft hat.
Du findest dort den ersten Keim,
den Frühling voller Liebessinn,
bis in den Sommer voll Honigseim.
Schick' deine Augen wie Bienen hin,
jed' Lied will lustsam als Laube dienen.

Max Dauthendey: *Lusamgärtlein,
Frühlingslieder aus Franken: Gesam-
melte Werke in 6 Bänden*, Bd. 4: *Lyrik und
kleinere Versdichtungen*, München 1925.

Da Würzburg 1945 zum großen Teil zerstört wurde, lässt sich auch zu anderen Dichtern wenig finden, was aus alter Zeit

174

stammt. Immerhin hält man die Erinnerung an **Leonhard Frank** (1882–
1961) wach, etwa durch Straßen-
namen oder die Aktion »Würzburg

Es dauerte lange und brauchte einen
weiten Weg, bis Max Dauthendey im
Familiengrab seine letzte Ruhe fand.

liest ein Buch«, die sich 2014 den Roman *Die Jünger Jesu* von
Frank zum Thema genommen hat. In diesem wird die Stadt in
der Nachkriegszeit behandelt. Frank selbst schrieb das Buch im
amerikanischen Exil. Der Autor war in den Jahren nach dem
Zweiten Weltkrieg in der jungen Bundesrepublik nicht gern gesehen, weil er nicht darüber schweigen konnte, dass die NS-Tä-
ter bereits wieder Karriere machten. Seine Besuche in der DDR,
nicht zuletzt, weil seine Werke im Berliner Aufbau-Verlag erschienen, kreidete man ihm ebenfalls an. Immerhin bekam er
im Jahr 1957 das Große Verdienstkreuz des Verdienstordens der
Bundesrepublik Deutschland, und schon 1952 verlieh man ihm
die Silberne Stadtplakette der Stadt Würzburg. Die Promenade
auf der linken Mainseite von der neuen zur alten Mainbrücke
heißt heute Leonhard-Frank-Promenade.

Fränkisches Seenland

Neue Seen an der Altmühl

Genau genommen ist das Fränkische Seenland ein Nebenprodukt. Es entstand parallel zum Main-Donau-Kanal, um Wasser aus den regenreichen Regionen Altmühl- und Donautal in das trockenere Regnitz-Main-Gebiet zu leiten. Das Seenland besteht aus mehreren einzelnen Seen, die alle angestaut wurden: dem Altmühlsee, dem Brombachsee – einer Stauanlage, bestehend aus dem Kleinen und dem Großen Brombachsee sowie dem Igelsbach –, dem Roth-, dem Hahnenkamm- und dem Dennenlohersee.

Das Fränkische Seenland bietet eine breite Palette von Freizeitangeboten. Naturliebhaber kommen ebenso auf ihre Kosten wie Familien. Radfahren, Wandern, Segeln, Baden, Angeln, Klettern, Feste, Kultur – die Aktivmöglichkeiten sind vielfältig.

Der Altmühlsee

Zum »Anschnuppern« des Fränkischen Seenlands ist der Altmühlsee keine schlechte Wahl. Die Bezeichnung »fränkische Adria«, die der Tourismusverband zu lancieren versucht, scheint zunächst ein bisschen übertrieben; wenn man jedoch an einem sonnigen Sommertag am Ufer des Sees steht, den Badenden, Seglern und Surfern zuschaut oder gar mitten dabei ist, dann kann man diese Assoziation doch nicht so ganz von der Hand weisen.

Erreicht man den See von Norden her kommend, dann lohnt es sich, nicht gleich bis Gunzenhausen durchzufahren, sondern in Muhr zum Seezentrum abzuzweigen und dort das Auto abzustellen. Nun können die Fahrräder ausgeladen oder dort geliehen werden, sollte man nicht den Fußweg vorziehen. Man kann Muhr am See übrigens auch mit der Bahn erreichen.

Der See lässt sich in einer knappen Stunde mit dem Fahrrad umrunden, aber es lohnt sich, hier und da eine Pause ein-

zulegen, etwa an der Vogelinsel. Ungefähr die Hälfte des Sees ist Naturschutzgebiet; Freizeitaktivitäten dürfen in diesem Bereich nicht stattfinden. Das hat dazu geführt, dass Vögel und andere Tiere dieses Gebiet als Rast- und Brutplatz gut angenommen haben.

Vom Beobachtungsturm der Vogelinsel hat man einen guten Blick über das ganze Naturschutzgebiet am Altmühlsee.

Über einen extra angelegten Rundweg – der übrigens für Rollstuhlfahrer geeignet ist – kann man einen kleinen Einblick in das Naturschutzgebiet »Vogelinsel im Altmühlsee« gewinnen. Von einem Beobachtungsturm aus hat man gute Gelegenheit, schon mit bloßem Auge viele seltene Wasservögel zu erkennen. Ein Fernglas mitzunehmen ist trotzdem keine

Sowohl für die Freizeitaktivitäten
als auch für Naturbeobachtung
bietet der Altmühlsee attraktive
Möglichkeiten.

schlechte Idee, denn es gibt seit einigen Jahren auch wieder Seeadler in diesem Gebiet und diese bekommt man selten so nah zu sehen, dass mit bloßem Auge ein befriedigendes Beobachten möglich wäre. Von April bis Oktober werden auch naturkundliche Führungen über die Vogelinsel angeboten.

Der Rundweg um den Altmühlsee zeigt diesen in all seinen Facetten. Da der Weg immer direkt am Ufer entlangführt, kann die Vogelinsel auch von außen noch ein Stück weit beobachtet werden. Die Dörfer – Streudorf, Wald, Steinabühl, Schweina, Unterwurmbach – betritt man nicht, es sei denn, man macht bewusst einen kleinen Abstecher dorthin. Sie liegen alle nicht weit vom See entfernt. Der gesamte Rundweg hat eine Länge von 12 Kilometern, die mit dem Fahrrad in kurzer Zeit zurückgelegt sind; aber auch zu Fuß ist dies keine anstrengende Wandertour.

Wer keinen kleinen Spaziergang machen möchte, sondern lieber eine richtige Wanderung, der findet in der Region auch dazu einige Möglichkeiten. Der Altmühltal-Panoramaweg hat eine Länge von 200 Kilometern. Er führt entlang der Altmühl von Gunzenhausen nach Kelheim – also fast bis nach Regensburg. Der Seenländer ist ein Rundwanderweg, der auf einer Länge von 146 Kilometern durch das Fränkische Seenland geht. Auch bei diesem Weg können Sie in Gunzenhausen beginnen, aber ebenso bietet Muhr einen schönen Einstieg. Die Route führt vom Altmühlsee am Bronnbachsee vorbei bis zum Rothsee und zurück. Der All-Hi-Ro-Weg trägt die Orte, die er streift, in den Abkürzungen seines Namens: Von Allersberg geht es über Hilpoltstein nach Roth und von dort zurück zum Ausgangspunkt. Dieser Wanderweg führt am Ostufer des Rothsees vorbei. Bei einer Länge von 31 Kilometern kann er gut in zwei Etappen aufgeteilt werden – oder in drei, wenn man sich Zeit lassen will.

Mit etwas Geduld und Ausdauer ❯ ▶ lassen sich interessante Szenen des Vogellebens belauschen.

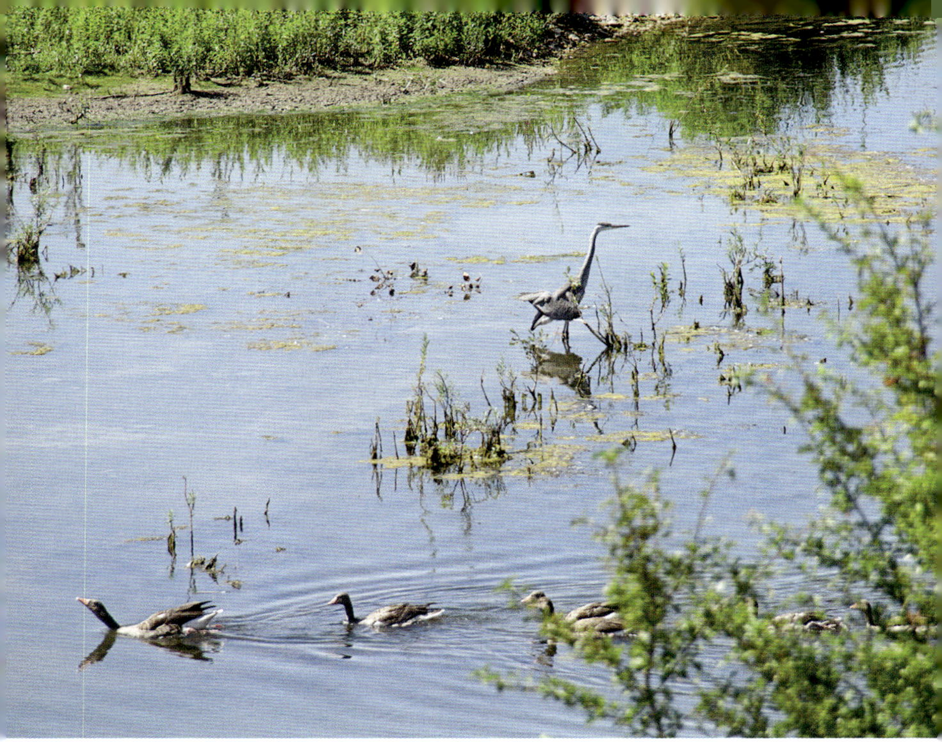

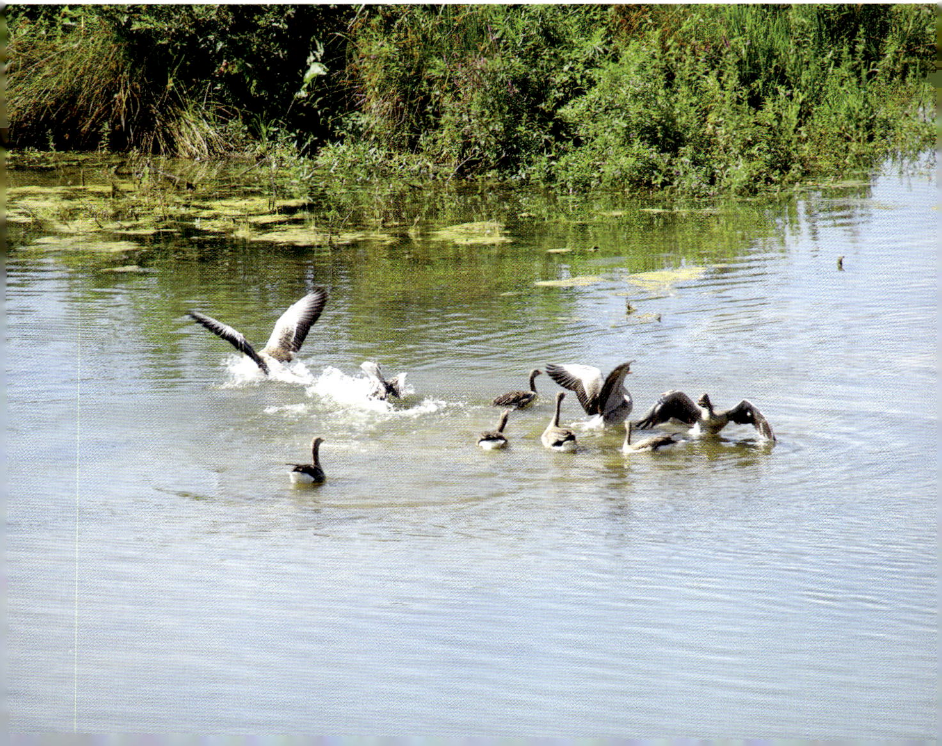

Der Brombachsee

Der Brombachsee besteht aus drei Teilen: Genau genommen handelt es sich um ein und dasselbe Gewässer, da aber sowohl der Kleine Brombach- als auch der Igelsbachsee jeweils noch durch einen Damm vom Großen Brombachsee abgetrennt sind, benennt man diese beiden »Vorfluter« mit eigenem Namen. Alle drei zusammengenommen bilden aber den eigentlichen Brombachsee, den zweitgrößten Stausee Deutschlands, in dem das übergeleitete Hochwasser der Altmühl gespeichert wird. Er fasst 154 Millionen Kubikmeter und besitzt eine Wasserfläche von 12,1 Millionen Quadratmetern, das entspricht einer Fläche von ca. 1 700 Fußballfeldern.

Um vom Altmühlsee aus den Brombachsee zu erreichen, ist der einfachste Weg der mit dem Fahrrad. Man hält sich an den Altmühlüberleiter und gelangt so zielsicher an die Südseite des Kleinen Brombachsees. Bis zum Damm ist es nicht weit.

Streckenweise ist der Weg durch die links und rechts stehende Bewaldung schön abgeschattet, was an einem Sommertag recht angenehm ist.

Die Nordseite des Igelsbachsees ist zu einem Großteil bewaldet, während die Wege der Südseite überwiegend durch freie Landschaft führen.

Am Damm muss man sich dann entscheiden. Fährt man weiter den See entlang zur Staumauer, um den Großen Brombachsee zu umrunden, muss man etwas mehr Zeit einplanen als beim Altmühlsee. Etwa die dreifache Strecke ist zurückzulegen, was allerdings keine Schwierigkeit darstellt, da der Weg überwiegend eben und anspruchslos ist und zudem noch gut zu befahrende Wege aufweist. In Ramsberg kann ja ein Päuschen eingelegt werden, bevor es zum Staudamm geht, den der Brombach, der dem See seinen Namen gibt, verlässt.

Auch am Brombachsee sind Naturschutzgebiete zu finden. Das Brombachmoor, ein Flachmoor, liegt an dessen westlichem Ende zwischen Langlauf und Absberg. Es ist das letzte erhaltene Restgebiet des Brombachtals seit der Flutung des Sees; hindurch fließt der Brombach zum See. Am Südufer, 3 Kilometer von Langlauf entfernt, liegt das Naturschutzgebiet Grafenmühle. Es reicht vom Damm des Kleinen Brombachsees bis nach Ramsberg. Der Radweg führt an der Südgrenze dieses Gebiets entlang. Die Halbinsel im Kleinen Brombachsee, am Südufer gelegen, ist ebenfalls als Naturschutzgebiet ausgewiesen. Bedrohte Amphibien wie der Laubfrosch finden hier noch Lebensraum. 2 Kilometer östlich von Absberg liegt das Naturschutzgebiet Sägemühle. Es handelt sich um eine Flachwasserzone, die mit kleinen Inseln durchsetzt ist. Die Stauwurzel des Igelsbachsees ist ebenfalls als Naturschutzgebiet ausgewiesen. Es ist durch einen kleinen Damm vom eigentlichen Igelsbachsee abgeschirmt. Umfährt man diesen mit dem Rad oder umwandert ihn, so gelangt man über diesen Damm auf die andere Seite und hat dabei einen Blick auf das Naturschutzgebiet.

Blick vom Damm auf den Großen Brombachsee.

Aber zurück zur Fahrradroute – bei Enderndorf ist dann wieder eine Entscheidung zu treffen: Fährt man lieber über den Damm Richtung Kleiner Brombachsee oder umrundet man erst den Igelsbachsee? Letzteres ist dann anzuraten, wenn man noch genug Kondition hat, oder wenn man zuvor schon über den Damm gekommen ist, der den Kleinen vom Großen Brombachsee trennt. Der Weg am Igelsbachsee ist idyllisch, führt teilweise durch Wald, immer aber nahe am Seeufer vorbei. Lediglich den Kleinen Brombachsee zu umrunden ist allenfalls Wanderfreunden anzuraten, die sich nach dem Besuch des Altmühlsees für den Nachmittag noch einen kleinen Rundgang vornehmen wollen. Aber auch das ist dann eine lohnende Sache.

Unternimmt man abschließend mit dem Auto noch einen Ausflug nach Griesbuck, das etwas oberhalb des Igelsbachsees liegt, hat man einen wundervollen Ausblick auf den gesamten Brombachsee.

Der Igelsbachsee ist lauschig und ruhiger als die größeren Seen.

*Blick auf den Rothsee
im Winter.*

Der Rothsee

Nordöstlich der Altmühlseen liegt der Rothsee, direkt an der A9 Nürnberg–München. Wie an den anderen Seen auch, gibt es einen Bereich, der für Freizeitaktivitäten genutzt werden kann, und einen weiteren, der in einem Naturschutzgebiet liegt. Das Areal um die Hauptsperre wird von Surfern und Seglern aufgesucht, hat aber auch eine Badeplattform.

Jedes Jahr Ende Juni wird am Rothsee der Rothsee-Triathlon ausgetragen: 42 Kilometer Radfahren im südlichen Landkreis Roth, 10 Kilometer Laufen am Rothsee und Main-Donau-Kanal sowie 1,5 Kilometer Schwimmen im Rothsee gehören zum Pensum, das es zu absolvieren gilt.

Was es sonst noch gibt

Ganz klar, die Seen dominieren das Bild im Fränkischen Seenland. Doch wenn man sich ein wenig ins Hinterland begibt, kann man auch dort das romantische Franken entdecken, so etwa die Altmühl-Mönchswald-Region. Der Mönchswald liegt im Landkreis Weißenburg-Gunzenhausen und ragt ein Stückchen in den von Ansbach hinein. Nicht weit entfernt davon befindet sich das Städtchen Wolframs-Eschenbach (siehe dazu S. 38). Auch in diesem Gebiet gibt es gut markierte Rad- und Wanderwege, sodass man noch weitere Möglichkeiten in der Region ausschöpfen kann.

Ebenfalls im Landkreis Weißenburg-Gunzenhausen ist die Gemeinde Burgsalach zu finden. Sie liegt in der Nähe des ehemaligen rätischen Limes, der einstigen Nordgrenze der römischen Provinz Rätien. Dort kann man der Deutschen Limesstraße folgen. Diese führt vom Rhein bis zur Donau und streift dabei auch das Fränkische Seenland.

Wo in der Burg der Götz zum Lecken auffordert

Festspiele in Franken

Wenn der Sommer kommt, beginnt überall auch die Saison der Freilichtaufführungen. Kultur unter freiem Himmel ist beliebt. Das Interesse nimmt eher zu denn ab. Karl May, Störtebeker, Goethe, aber auch Musicals und Opern werden unter freiem Himmel präsentiert. Manche Aufführungen finden vor wunderbaren Naturkulissen statt. In Franken sind es häufig alte Gemäuer – Burgen, Klöster, teilweise Ruinen –, die für Aufführungszwecke genutzt und umfunktioniert werden. Nicht selten steht die Aufführung auch in direktem Bezug zu dem Ort, an dem sie stattfindet.

Burg Jagsthausen

Ein steinernes Abbild des Ritters mit der eisernen Faust grüßt bereits am Ortseingang von Jagsthausen mit dem Spruch »... er kann mich hinden lekhen«. Man muss durch den Ort fahren, um zur Burg zu gelangen. Dort finden seit 1950 jährlich Festspiele statt, die trotz wechselnden Programms immer das Schauspiel von Goethe mit auf dem Spielplan haben.

Götz von Berlichingen hielt sich in seiner Kindheit in dieser Burg auf. Ob er dort geboren wurde oder eher in der Burg Berlichingen, einige Kilometer entfernt, darüber streiten sich noch die Gelehrten. Er selbst kaufte später die Burg Homberg in Neckarzimmern von seinem Freund, dem berüchtigten Raubritter Conz Schott von Schottenstein. In dieser Burg starb Götz auch, sein Grab fand er dann in Kloster Schöntal.

Burg Jagsthausen, Südseite. ◀ Hier verlebte Götz von Berlichingen seine Kinderjahre.

Der Ritter mit der eisernen ▶ Faust erwartet die Ankommenden bereits am Ortseingang von Krautheim.

...ER
KANN MICH
HINDEN
LEKHEN

Burg Jagsthausen soll auf eine mittelalterliche Anlage zurückgehen, wurde jedoch mehrfach umgebaut, zuletzt gegen Ende des 19. Jahrhunderts. Sie ist einer der Stammsitze der Herren von Berlichingen und wird heute noch von der Familie bewohnt: von der Freifrau von Berlichingen, verheiratet mit dem ehemaligen Bundespräsidenten Roman Herzog.

In Jagsthausen holt man sich gerne renommierte Künstler: 2014 spielte Götz Otto seinen Namensvetter Götz von Berlichingen.

Die Festspiele sind über die Region hinaus bekannt und lohnen immer einen Besuch. Regisseure und Schauspieler sind international erfahrene Künstler, Statistenrollen werden gerne mit Kräften aus dem Ort besetzt.

Gottfried »Götz« von Berlichingen wurde um 1480 geboren und starb am 23. Juli 1562 auf Burg Hornberg in Neckarzimmern. Er verlebte seine Kindheit auf der Jagstburg, besuchte im Alter von zwölf Jahren für ein Jahr die Klosterschule in Niedernhall am Kocher und trat 1494 in den Dienst Konrads von Berlichingen, eines Vetters seines Vaters. Götz begleitete seinen Onkel zu den Reichstagen nach Worms und Lindau, wo dieser 1497 verstarb. Anschließend trat Götz in die Dienste des Markgrafen Friedrich II. in Ansbach. Er war zunächst Türhüter, dann Knappe und begleitete den Markgrafen und die damaligen römisch-deutschen Könige in manchen Krieg, zuletzt als Ritter. Den Vorsatz, nur noch als freier Ritter für den Kaiser kämpfen zu wollen, gab er bald auf und verbündete sich mit dem Raubritter Hans Talacker von Massenbach. Dadurch geriet Götz von Berlichingen in Konflikt mit dem Schwäbischen Bund, einem Zusammenschluss schwäbischer Reichsstände. Im Juni 1504 verlor er bei der Belagerung von Landshut seine rechte Hand. Der Ritter war danach in zahlreiche Fehden verstrickt. Zeitweise saß er in Haft, z. B. in Heilbronn im Bollwerksturm, der als Gefängnis diente. Im Jahr 1517 kaufte er die Burg Hornberg, auf der ihn wenige Jahre später die Bauern des Odenwälder Haufens vor die Wahl stellten, ihr Anführer zu werden oder ihr Gefangener. Um seine Burg vor der Zerstörung zu bewahren, schlug er sich auf ihre Seite und führte sie im Bauernkrieg an. Man hielt ihm dies später vor, er verteidigte sich aber damit, dass er auf diese Weise Schlimmeres habe verhüten können. Trotzdem setzte man ihn nach der Niederschlagung der Bauernaufstände gefangen und ließ ihn im Jahr 1530 erst frei, nachdem er der Zahlung einer hohen Geldstrafe und dem Hausarrest auf seiner Burg zugestimmt hatte. Er hinterließ eine Lebensbeschreibung, die Goethe als Grundlage für sein Drama diente. Die Krautheimer sind auf Jagsthausen jedoch nicht gut zu sprechen, denn gerade aus dieser Lebensbeschreibung entnehmen sie, dass der Ritter mit der eisernen Faust den berühmten Ausspruch nicht von der Burg Jagsthausen heruntergerufen, sondern zur Burg Krautheim hinaufgerufen habe.

Der Festspielhügel

Kaum erläutert werden müssen die **Bayreuther Festspiele**. Dass im eigens für Richard Wagner erbauten Festspielhaus auch sein Werk aufgeführt wird, muss ebenfalls nicht extra erwähnt werden. Das Grundstück erhielt Wagner 1871 von der Stadt Bayreuth geschenkt. Bereits im Mai des folgenden Jahres fand die Grundsteinlegung statt. Wagners Finanzierungsplan – der Verkauf von Patronatsscheinen – funktionierte jedoch nicht. Dass im August des Jahres 1873 trotzdem Richtfest gefeiert werden konnte, verdankte er dem osmanischen Sultan, der eine nicht unbeträchtliche Summe zur Verfügung gestellt hatte. Doch erst durch einen Kredit von König Ludwig II. konnten die Mittel zur Vollendung des Baus beschafft werden. Am 13. August 1876 wurde das Festspielhaus mit einer Aufführung von *Rheingold* eröffnet.

Die Weltkriege überstand das Festspielhaus unbeschadet.
Nach dem Krieg kamen zunächst Komödien, Revuen, Sym-
phoniekonzert und Opern, die nicht von Wagner stammten,
zur Aufführung. Erst danach wurden dort auch seine eigenen
Stücke wieder inszeniert. Jedes Jahr finden nun vom 25. Juli
bis zum 28. August die Bayreuther Festspiele statt, bei denen
ausschließlich die Musikdramen von Wagner gespielt werden.

Des Geyers schwarzer Haufen in Giebelstadt

Ungefähr auf halber Strecke zwischen Bad Mergentheim und
Würzburg liegt Giebelstadt. Hier saß im 9. Jahrhundert bereits eine alemannische Adelssippe, später dann, im 13. und
14. Jahrhundert, lebten dort die Ministerialengeschlechter

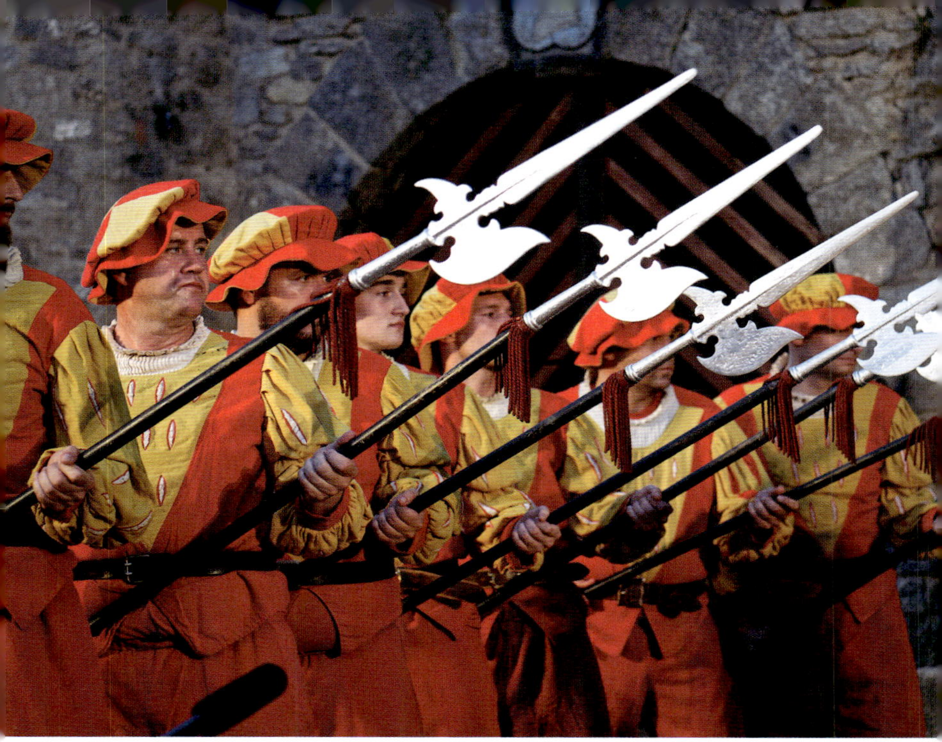

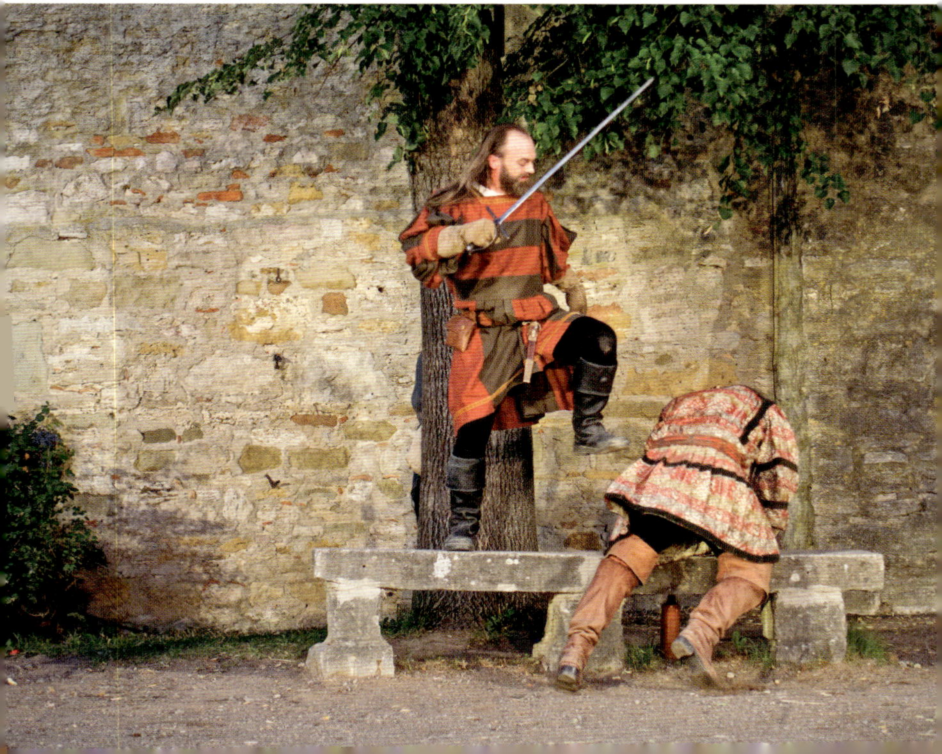

Geyer und Zobel. Florian Geyer (um 1490–1525) war ein fränkischer Reichsritter, der, ähnlich wie Götz von Berlichingen im
Bauernkrieg, die Führung eines Bauernhaufens übernahm. Er
diente als Lehnsmann des Markgrafen Kasimir von Ansbach
und des Hochmeisters des Deutschen Ordens Albrecht von
Brandenburg-Ansbach. Bei einem Streit mit dem Würzburger
Kollegiatsstift Neumünster wurde er exkommuniziert, weil er
eine jahrhundertealte Forderung, für die es keinen Beleg gab,
nicht zahlen wollte. Geyer soll 1525 im Gramschatzer Wald bei
Würzburg von zwei Knechten Wilhelm von Grumbachs, mit
dem er verfeindet war, erschlagen worden sein.

Am südlichen Rand von Giebelstadt steht die Ruine der
Geyer von Giebelstadt. Es gab einen Wassergraben und eine
Zugbrücke. 1441 wurde die Burg zerstört, anschließend aber
erneut aufgebaut. Florian Geyer war Besitzer dieser Burg. Anfang des 18. Jahrhunderts starb das Geschlecht aus. Das
Schloss verfiel und diente als Steinbruch, bevor man im Jahr
1925 begann, dort eine Freilichtbühne aufzubauen. Die Reste
der Burganlage bilden für diese sommerlichen Spiele eine
prächtige Kulisse.

Die Geschichte um Florian Geyer wird von den Giebelstäd-
tern seit 1925 in der Ruine des Geyerschlosses aufgeführt. Die
ganze Stadt arbeitet an diesen Aufführungen mit. Es gibt einen Verein, der sich um alles kümmert: Schauspieler, Statis-
ten, Requisiten, Bühnenbild, Pyromanie. Ja, es kracht immer
gehörig bei den Spielen.

Wo sonst noch gespielt wird

Im Fichtelgebirge, nahe der Stadt Wunsiedel, befindet sich
das älteste Freilichttheater Deutschlands. Seit 1890 wird auf
dieser Bühne unter freiem Himmel Theater gespielt. Der Su-
perlative damit aber noch nicht genug: Die **Luisenburg-Fest-
spiele** finden jährlich vor der Kulisse des größten Felsenlaby-

◄ *Die Aufführungen der Geyerfestspiele sind jedes Mal
farbenprächtig. Es wird gekämpft und gestritten in der
alten Burgruine in Giebelstadt.*

rinths Europas statt. Gespielt wird neben klas-
sischen Theaterstücken und Kindertheater auch
Musical, Oper, Kabarett und anderes.

In der Burgruine **Clingenburg**, bei Klingen-
berg am Main, zwischen Spessart und Odenwald, finden seit
1993 jährlich Festspiele statt. Immer gibt es ein Programm,
das die Bandbreite von Kinder- über klassisches bis hin zum
Musiktheater abdeckt.

Folgt man dem Main flussabwärts, kommt man über Miltenberg nach **Freudenberg**. Ähnlich wie in Giebelstadt wird
dort auf der Burgruine alle zwei Jahre nur ein Stück aufgeführt, überwiegend von Freudenbergern gestaltet. Es werden meist historische Themen aufgegriffen, die manchmal
auch ihren Ursprung in der Region haben (z. B. *Pfeiferhannes*,
1989; *Die Hexenseuch'*, 1993; *Der Tabakkrieg*, 1999; *Niege-
dacht*, 2003). Im Jahr 2015 wurde mit *Burgunderblut* das Ni-
belungenthema aufgegriffen.

Alle zwei Jahre findet in **Weikersheim** ein Opernkurs der Jeunesses Musicales Deutschland statt, der in Aufführungen im Schlosshof mündet. Prinz Constantin

Der Aufstieg zur Burgruine in Freudenberg lohnt schon für den Blick über das Maintal.

von Hohenlohe lud Anfang der 1950er Jahre Musikstudenten auf das Weikersheimer Schloss ein. Die erste Oper wurde 1965 aufgeführt: Beethovens *Fidelio*. Ein Orchester voller junger Musiker, deren Enthusiasmus man nicht nur hört, sondern auch spürt, hat diese Veranstaltung inzwischen weithin bekannt gemacht. Im Jahr 1993 entschied der amerikanische Komponist Philipp Glass, dass die Uraufführung seiner Oper *Orphée* in Weikersheim stattfinden solle. 2015 feierte die Jeunesses Musicales dort »50 Jahre Oper im Schlosshof«.

Die Stadt **Ansbach** veranstaltet seit 1998 alle zwei Jahre die Kaspar-Hauser-Festspiele. Vorträge, Konzerte, Film- und Theateraufführungen rund um den berühmtesten Findling Europas ziehen zahlreiche Besucher an.

Burgunderblut *wurde in Freudenberg während der Spielzeit 2015 inszeniert.*

Auch die Burgruine Freudenberg bietet eine wunderbare Kulisse für Freilichttheater.

Der Meistertrunk wird alljährlich im Rothenburger Rathaus aufgeführt.

Die Frankenfestspiele in Roettingen werden mit überregional bekannten Künstlern besetzt.

Jedes Jahr im Mai, wenn bei einem traditionellen Fest für ein paar Tage erneut die schwedischen Truppen in **Rothenburg ob der Tauber** einfallen und die Stadt besetzen, kommt im Rathaus auch das historische Festspiel *Der Meistertrunk* zur Aufführung. Die legendäre Geschichte um den Bürgermeister Nusch, der die Stadt durch einen gewaltigen Trunk gerettet hat, wird prächtig und volksnah auf die Bühne gebracht.

Die Frankenfestspiele im unterfränkischen **Röttingen** finden seit 1984 in der Burg Brattenstein statt. Die aus dem 13. Jahrhundert stammende Burganlage wurde später in die Stadtbefestigung mit einbezogen und ist deshalb in der nordöstlichen Ecke der Stadtmauer zu finden. Jedes Jahr wird das Ensemble aus renommierten Künstlern zusammengestellt. Das Programm besteht aus Theater, Operette und Musical. Zudem finden Konzerte bekannter Künstler statt. Eher ungewöhnlich ist, dass bei den meisten Aufführungen keine übliche Bestuhlung vorhanden ist, sondern dass man an Tischen sitzt wie in einem Biergarten.

Eine Besonderheit, wenn auch nicht mit Festspielcharakter, stellt das Africa-Festival in **Würzburg** dar. Es wurde 1989 ins Leben gerufen und ist das größte und älteste Festival für afrikanische Kultur und Musik in Europa. Jedes Jahr im Mai findet es auf den Talavera-Mainwiesen statt und wird 2016 bereits zum 28. Mal die Besucher anlocken. Auf mehreren Bühnen finden tagsüber Konzerte statt, an »afrikanischen« Marktständen werden unterschiedliche Produkte aus Afrika verkauft und Speisen aus Regionen von Nord- bis Südafrika angeboten. Der Höhepunkt ist aber jeweils das Abendprogramm, zu dem international bekannte Künstler, wie z. B. Miriam Makeba, eingeladen werden.

Die hier vorgestellten Freilichtspiele sind nur eine kleine Auswahl der tatsächlich in Franken stattfindenden kulturellen Veranstaltungen im Freien. Eine vollständige Auflistung aller Events würde ein eigenes Buch füllen.

Im historischen Rathaus in Rothenburg ⬟ ob der Tauber wird alljährlich das Stück Der Meistertrunk aufgeführt.

Adjiri Odametey mit der Kora. Das Africa- ▶ Festival in Würzburg zieht inzwischen ein zahlreiches Publikum mit jährlich über 120 000 Besuchern an.

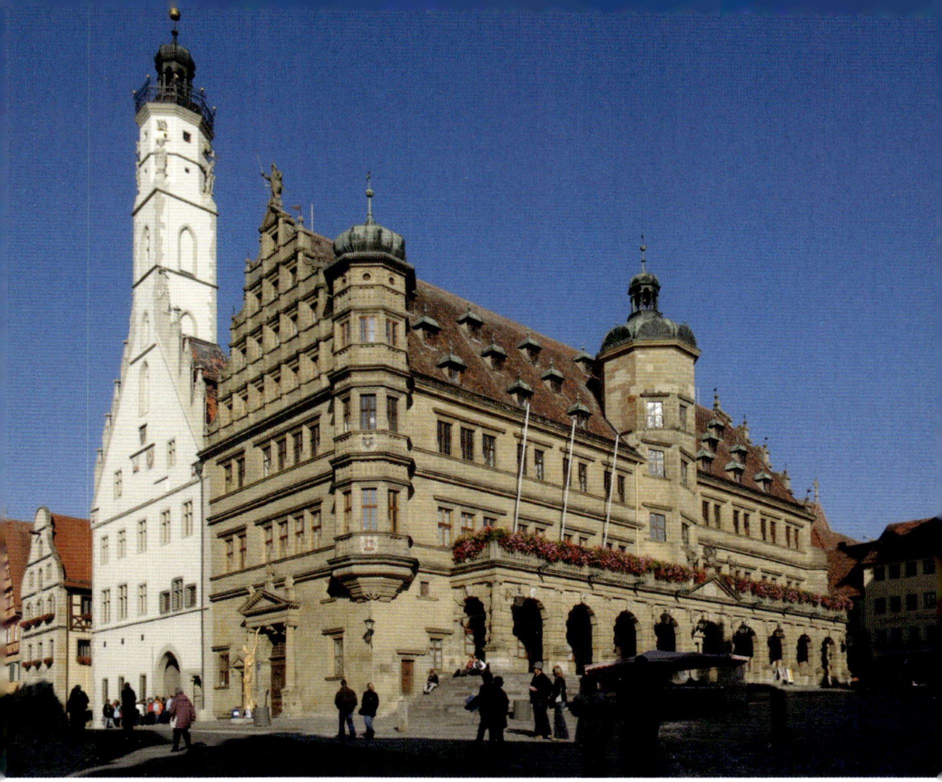

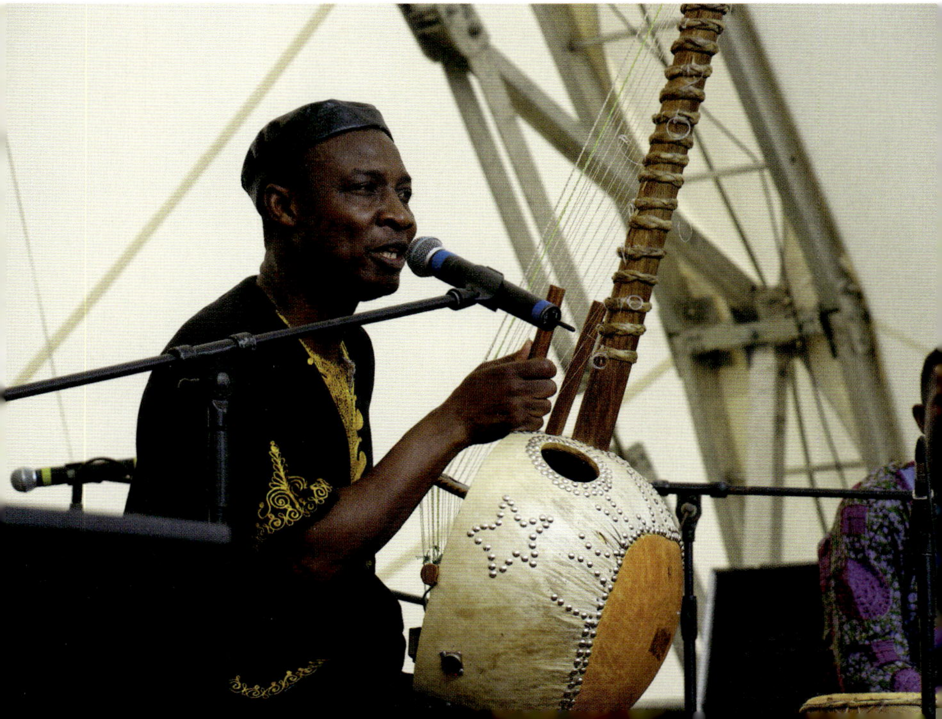

Fingerhüte vom Silberschmied

Kuriose und interessante Sammlungen in Franken

Außerhalb von Creglingen findet sich nicht nur die Herrgotts-kirche, in der ein wunderbarer Altar von Tilman Riemen-schneider zu bewundern ist. Gegenüber auf der anderen Seite, nicht gut zu sehen, weil viel tiefer liegend, gibt es auch das Fingerhutmuseum, das durchaus einen Besuch wert ist. Ge-nau genommen ist es das bislang einzige Museum für Finger-hüte weltweit. Es wurde 1982 von Torwald und Brigitte Greif eröffnet. Grundstock der Sammlung ist der Nachlass des schwäbischen Silberschmieds Ferdinand Gabler aus Schorn-dorf. Heute führt die Familie Greif die Fingerhutherstellung in ihrer Goldschmiede fort, stellt Kleinserien für Sammler, Son-deranfertigungen und Unikate her. Mehr als 4 000 Exponate sind heute im Museum zu sehen und es ist keineswegs lang-weilig, sich durch die unterschiedlichsten Arten und Formen der Fingerhüte zu schauen, selbst für diejenigen nicht, die mit Nähen wenig am Hut haben.

Wenn Sie schon mal in Creglingen sind, dann suchen Sie im Ort den Stadtgraben 12 auf. Dort befindet sich der Lind-leinturm, ein Fachwerkaufbau auf einem ehemaligen Wehr-und Wachturm der spätmittelalterlichen Stadtbefesti-gung. 1795 wurde dieser Aufbau auf den Turmsockel gesetzt und seitdem bis zum Jahr 1993 bewohnt. Eine kinderlose Dienstmagd war die letzte Besitzerin. In das darin eingerichtete Museum passen nicht mehr als fünf bis sechs Besucher hinein. Nebenan kann man

In dem Film **„Der englische Patient"** spielte ein solcher Fingerhut eine tragende Rolle. In Ägypten wurde und wird auch heute noch in Fingerhüten das Gewürz Safran verkauft. Da Safran sehr wertvoll und teuer ist, wird es eben nur in kleinen Portionen verkauft, eben **„nur ein Fingerhut voll"**

Fingerhut und Erläuterung dazu im Fingerhutmuseum in Creglingen. So manches interessante Detail erfährt man dort über die Exponate, die auf einen Finger passen.

eine Führung buchen und so mehr über das Leben der Margarete Böttiger erfahren, die dort bis zu ihrem Tod gelebt hat.

Was die Größe der Räumlichkeiten anbelangt, können das Fingerhut- und das Lindleinturm-Museum nicht mit den allgemeineren Museen mithalten. Das

Der riesige Fingerhut vor dem Museum wirft einen Schatten, der jedoch keineswegs vorbedeutend für das Ergebnis des Besuchs ist. Die Exponate sind hochinteressant.

müssen sie aber auch nicht. Diese Art Spezialmuseum ist gerade wegen seiner Überschaubarkeit so interessant. Die beiden genannten sind auch nicht die einzigen, die es in Franken zu bestaunen gibt. In den folgenden Abschnitten finden Sie eine kurze Vorstellung einer Auswahl von Museen, die zu besuchen sich lohnt, wenn Sie schon einmal in der Gegend sind. Manch eines ist aber sicher auch die gezielte Anfahrt wert.

Das Teekannenmuseum in Amorbach

Ein wenig anders verhält es sich mit dem Teekannenmuseum in Amorbach im Odenwald. Es beinhaltet die größte Teekannensammlung Europas, mit mehr als 2 000 Exponaten. Aber es ist auch die Sammlung Berger zu sehen mit eindrucksvollen Exponaten moderner Kunst.

Man kann das Teekannenmuseum nicht verfehlen – ein übergroßes Exponat befindet sich fast schon auf der Straße.

Das Glasmuseum in Wertheim

Wertheim am Main ist als Stadt so interessant, dass es eigentlich kein Museum benötigte. Bei einem Gang durch die Altstadt fällt ein Kuriosum auf: An manchen Häusern wurden an den Hauswänden die Lebensmittelpreise aus der Zeit ihrer Erbauung mit angegeben.

Aber auch Wertheim hat seine Museen. Von diesen empfehle ich hier nachdrücklich das Glasmuseum. In der Hauptausstel-

Inschrift an einer Hauswand.

Man kann im Wertheimer Glasmuseum dem Glasbläser bei der Arbeit zusehen.

lung wird Glas von A (wie Ägyptisches Glas) bis Z (Zeisslinse) vorgestellt. Die Zeisslinse mit einem Durchmesser von 58 Zentimetern beeindruckt durch dreifache Vergrößerung. Ein gutes Objekt für Familienfotos, auf denen mal so richtig gut der Kopf zur Geltung kommt – selbst bei kleinen Leuten. Man kann auch einem Glasbläser bei der Arbeit zusehen.

Der Turm der Sinne in Nürnberg

In Nürnberg bietet der »turmdersinne« im Mohrenturm am Westtor der Stadtmauer ein interaktives Mitmachmuseum. Man kann an vielen Experimentierstationen Sinnesreize an

Der Mohrenturm an der Nürnberg Stadtmauer beherbergt ein Museum zum Anfassen.

sich selbst ausprobieren und hat so die Möglichkeit, alltäglichen Phänomenen auf die Schliche zu kommen. Wer eine begrenzte Ausstellungsfläche in diesem Turm vermutet, hat schon den Fehler gemacht, seinen Sinnen allzu sehr zu trauen. Auf sechs Stockwerken und insgesamt 120 Quadratmetern Ausstellungsfläche ist mehr zu finden, als der Blick von außen vermuten lässt. Besuchen Sie diese Ausstellung und lassen Sie sich weiter verunsichern, damit Sie Ihren Sinnen künftig nicht mehr blind vertrauen.

Das Kamera- und Fotomuseum in Plech

Deutsche Technik: eine 8 mm-Filmkamera »Bauer 88 D«, anzuschauen im Kameramuseum in Plech.

Mit dem Sehsinn wiederum hat das Deutsche Kameramuseum zu tun. Der Plecher Fotograf und Journalist Kurt Tauber hat dort auf mehreren Etagen eine beeindruckende Sammlung von Foto- und Filmapparaten zusammengetragen. Wechselnde Fotoausstellungen, Kurse und Workshops machen das Ganze zu einem »lebenden Museum«. Es wird nicht nur altes gezeigt, sondern auch der korrekte Umgang mit der früheren Technik erklärt. Das Museum ist natürlich für Liebhaber alter Kameras hochinteressant, aber auch für jeden, der sich für die Entwicklung der Fotografie bis hin zur modernen Digitalkamera interessiert.

Das Deutsche Automuseum in Langenburg

In Hohenlohe im Landkreis Schwäbisch Hall befindet sich Schloss Langenburg, auch heute noch der Wohnsitz der Familie Hohenlohe-Langenburg. Trotzdem können Teile des Schlosses besichtigt werden. Interessant ist aber vor allem auch der Besuch des ehemaligen Marstalles, der vor dem Schloss liegt. In diesem ist seit 1969 das Deutsche Automuseum untergebracht. Dort sind Oldtimer aus der Frühzeit der Automobilgeschichte zu sehen, Prototypen bis hin zu zeitgemäßen Modellen. Für Autoliebhaber sowieso ein Muss, für andere mindestens

▼ *Im Deutschen Automuseum in Langen-*
burg ist so mancher Oldtimer zu finden.

▲ *Nicht nur im Herbst ist Schloss*
Langenburg eine Augenweide.

interessant und auf jeden Fall eine gute Ergänzung zum
Schlossbesuch – es ist aber durchaus möglich, dass manch
einer die Prioritäten dann anders setzt ... Im Schlosscafé, das
unterhalb des Schlosses im Rosengarten zu finden ist, kann
man sich anschließend von beiden Besichtigungen ausruhen.

Das Aischgründer Karpfenmuseum

Seit dem Mittelalter werden Karpfen in Teichen gehalten und gezüchtet. Sie sind ist als Speisefische beliebt, auch in Franken. Im Aischgrund, dem Gebiet, das von der Aisch durchflossen wird, existieren immerhin ca. 5 000 Weiher, aus denen die Karpfen kommen, die als lokale Delikatesse – und nicht mehr nur als Fastenspeise – inzwischen überregional bekannt sind.

Der Karpfen steht im Aischgründer Museum im Mittelpunkt des Interesses. Einmalig ist jedenfalls, dass im Alten Schloss in Neustadt an der Aisch ein Karpfenmuseum eingerichtet wurde, in dem man nun alles über diesen beliebten Speisefisch und seine Zucht erfahren kann.

Das Deutsche Fastnachtmuseum

Sie glauben, nur die Rheinländer und die Alemannen können Karneval, Fastnacht oder Fasching feiern? Da kennen Sie aber die Franken schlecht. Die haben in Kitzingen am Main gar ein eigenes Museum dafür. Es ist sogar das offizielle Museum des Bundes Deutscher Karneval. Was also ein richtiger Narr ist, der kommt an einem Besuch dieses Museums nicht vorbei.

Das Conditorei-Museum

Wer nach dem Besuch bei der Narrenzunft so richtig auf »den Geschmack gekommen« ist, kann in Kitzingen noch den Besuch des Conditorei-Museums anschließen. Es ist in einem der

schönsten und ältesten Bürgerhäuser in Kitzingen untergebracht, in dem 1831 die erste Konditorei der Stadt eröffnete. Die Lage am Marktplatz ist günstig, sodass

Das Deutsche Fastnacht-museum in Kitzingen ist für Karnevalisten ein Muss.

Sie keine weiten Wege gehen müssen, um dem »Geschmack«, der Ihnen beim Museumsbesuch sicherlich gekommen ist, Genüge tun zu können.

Das Deutsche Korbmuseum

Im kleinen Michelau in Oberfranken, im Landkreis Lichtenfels, ist ein verhältnismäßig großes Spezialmuseum zu finden, das Deutsche Korbmuseum. Auf 850 Quadratmetern werden zahl-

211

reiche Exponate aus der ganzen Welt präsentiert. Die Sammlung besteht seit 1934. Das Museum gehört damit zu den älteren, doch ist es modern eingerichtet und kein bisschen ver-
staubt. Ehemals lebte in dem Gebäude eine Michelauer
Korbmacherfamilie, die es bis 1959 als Wohn- und Geschäfts-
haus nutzte. Das Museum befindet sich in diesen Räumen seit
1967. Von April bis Oktober kann man dort die »lebenden
Werkstätten« besuchen und samstagnachmittags Flechtern bei
der Arbeit zusehen.

Das Deutsche Fahrradmuseum

Fahrradmuseen in Deutschland gibt es mehrere, aber nur eines, das sich Deutsches Fahrradmuseum nennt. Sie finden es
in Bad Brückenau, im unterfränkischen Landkreis Bad Kissingen. Die Sammlung umfasst Fahrräder von den Anfängen um
1820 bis hin zu modernen Rädern. Ein historischer Fahrradla-
den und eine Werkstatt aus den 1930er Jahren ergänzen sie.
Es finden auch immer wieder Veranstaltungen und Treffen
von Fahrradfreunden statt sowie Märkte, auf denen man Er-
satzteile für seine Drahtesel – wie manche heute noch liebe-
voll ihre Räder nennen – bekommt.

Der Sonnenuhren-Rundweg in Röttingen

Es gibt Sammlungen, die nicht in Innenräumen zu finden sind,
sondern draußen. Eine solche besitzt Röttingen im Landkreis
Würzburg. Über die Stadt verteilt finden sich dort verschiedene
Sonnenuhren, die auf einem etwa 2 Kilometer langen Rundweg besichtigt werden können. Erbaut wurden sie alle von
dem Schlossermeister Kurt Fuchslocher aus Bad Mergentheim.
Natürlich bietet sich für solch eine
Sammlungsbesichtigung besonders   *Das Deutsche Fahrrad-* ◥
ein sonniger Tag an, weil dann die   *museum in Bad Brückenau.*
Funktionsweise und Genau-
igkeit der Uhren direkt über-   *Fast dreißig Sonnenuhren sind auf* ▶
prüft werden kann.   *dem Rundweg in Röttingen zu finden.*

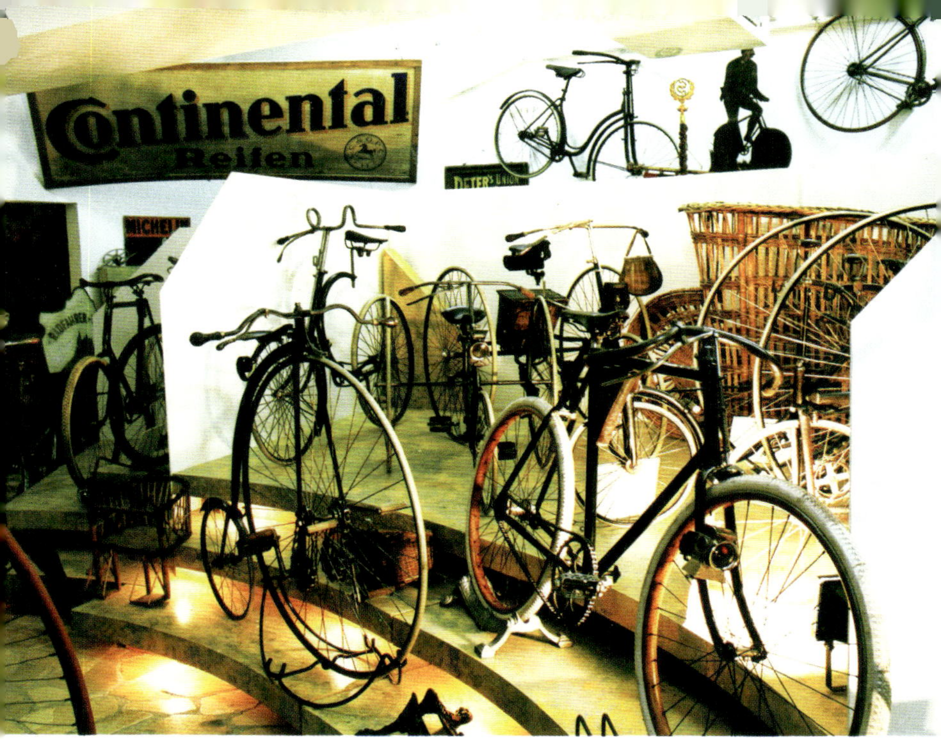

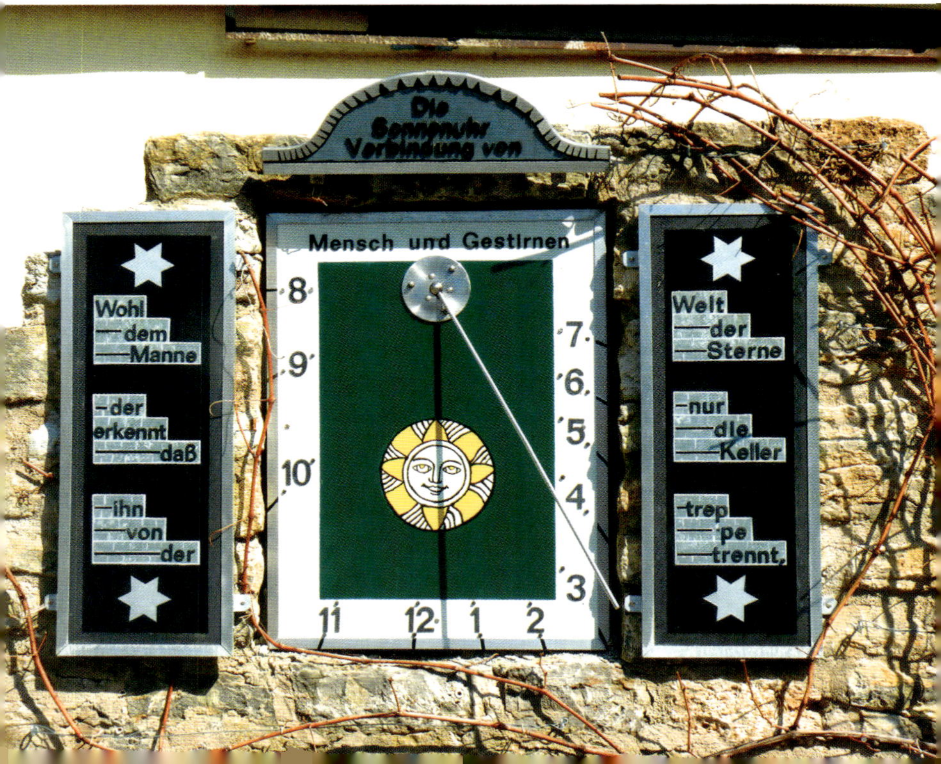

Die Sonnenuhr
Verbindung von

Mensch und Gestirnen

Wohl
dem
Manne

der
erkennt
daß

ihn
von
der

Welt
der
Sterne

nur
die
Keller

trep
pe
trennt,

Von Ochsenauge und Ameisenbläuling

Schmetterlinge in Franken

Ich stand eine Viertelstunde lang still, die Kamera schussbereit. Ein Segelfalter war das Objekt meiner Begierde. Er umtanzte mich, setzte sich ab, um gleich darauf wieder fortzufliegen, noch bevor ich meine Kamera in Anschlag gebracht hatte. Er zog einige Meter fort, um, sobald ich mich aufgemacht hatte, ihm zu folgen, wieder an den Ort zurückzukehren, an dem ich zuvor versucht hatte, seiner als digitale Abbildung habhaft zu werden. Dann saß er still. Ich mochte es gar nicht glauben. Langsam brachte ich meine Kamera in Position, nahm die nötigen Einstellungen vor, fokussierte genau und ... erlebte, wie er erneut fortflog, bevor ich auf den Auslöser drücken konnte. Er machte sich dann aber endgültig auf und davon und ließ sich nicht mehr sehen. Wenn Schmetterlinge lachen können, hatte er mich zuvor sicher ausgelacht.

Die Flora und Fauna in Franken ist an vielen Stellen beachtlich reich. Sie in einem Kapitel vollständig zu beschreiben, ist schier unmöglich. Interessant sind beispielsweise die Orchideen, die mancherorts noch anzutreffen sind. Da aber die Gefahr besteht, dass bei allzu häufiger Suche nach ihnen immer mehr zerstört wird, nehme ich von einer Beschreibung und genauer Lokalisierung Abstand. Ich habe mich ersatzweise entschieden, Schmetterlinge als Beispiel zu nehmen, denn die farbenfrohen Flatterer sind beliebt und kommen in manchen Gebieten Frankens in überraschend artenreicher Zahl vor. Die meisten Fotos dieses Kapitels habe ich in Tauberfranken gemacht, einige allerdings auch in der Rhön, in der Fränkischen Schweiz und am Main.

Das Beilfleck-Rotwidderchen ist häufig in der Nähe von Holunder- und Ligusterhecken zu finden.

Ritterfalter

Der **Segelfalter** (*Iphiclides podalirius*) ist ein Tagfalter aus der Familie der Ritterfalter. Ein etwas ramponiertes Exemplar habe ich für ein Foto erwischt, auf einer Distel, die normalerweise nicht zu den typischen Futterpflanzen der Raupen gehört. Vermutlich war der Segelfalter dort aber auch nicht zur Eiablage unterwegs, sondern um Nektar zu suchen. In Deutschland gilt dieser Schmetterling inzwischen als stark gefährdet. Obwohl die Verbreitung bis zum 54. Breitengrad reichen soll, kommt er nicht mehr in vielen Gebieten vor.

Jeden Sommer, wenn der Schmetterlingsflieder bei uns im Garten blüht, warten wir auf ihn. Er kommt nie als Erster. Es sind bereits zahlreiche andere Arten da: Distel- und Zitronenfalter, Tagpfauenauge, Apollofalter, das Kleine Ochsenauge und der Kohlweißling flattern und flirren schon um den Strauch. Dann erst erscheint er, der **Schwalbenschwanz** (*Papilio machon*). Er hebt sich schon allein

Der Schwalbenschwanz erreicht eine Flügelspannweite von bis zu 75 Millimeter.

durch seine Größe von den anderen ab und bietet uns mehrere Tage lang seine prächtigen Flügel und Farben dar. Auch sonst ist er in der Region immer wieder anzutreffen. Dabei ist die zweite Generation im Spätsommer mit kräftigeren Farben ausgezeichnet als die erste, die im Frühjahr und Frühsommer zu sehen ist.

Edelfalter

Nicht ganz so groß, aber keinesfalls weniger prächtig als der Schwalbenschwanz ist der **Große Schillerfalter** (*Apatura iris*). Ich hatte das Glück, dass er sich bei einer Rast auf einem Parkplatz während einer längeren Fahrt durch Franken ausgerechnet mein Auto aussuchte, um ein wenig auszuruhen. Ich musste gar nicht groß auf die Suche gehen, keine Geduld aufwenden, konnte in Ruhe meine Kamera aus dem Wagen nehmen und den blauen Prachtkerl fotografieren. Er hob zwar einige Male ab, setzte sich aber gleich darauf wieder. Als er nach

Der Große Schillerfalter ist selten an Blumen anzutreffen.

Das Tagpfauenauge ist oft noch bis spät in den Herbst zu sehen.

fünf Minuten dann weiterflog, war ich ebenfalls ausgeruht und konnte meine Fahrt fortsetzen. Der Große Schillerfalter liebt Aas und Kot, erzählte mir später jemand, der sich gut mit Schmetterlingen auskennt, aber auch Teer und Benzin. Leider war es aber bislang das einzige Mal, dass ich einen an meinem Auto gefunden habe. Nach Regentagen am feuchten Boden in der Nähe von Pfützen habe ich aber schon öfter ein Exemplar getroffen.

Ein weiterer Edelfalter, der es an Farbenpracht mit dem Schillerfalter aufnehmen kann, ist das **Tagpfauenauge** (*Inachis io*). Es kommt recht gut mit den veränderten Verhältnissen der modernen Landwirtschaft zurecht, die anderen Schmetterlingen zu schaffen machen. Die Hauptnahrung seiner Raupe ist einzig die Brennnessel – und die gedeiht auch auf Industriehalden und überdüngten Böden. Mit einer Flügelspannweite von bis zu 55 Millimetern zählt das Tagpfauen-

auge noch zu den großen Tagfaltern. Seine auffällige Zeichnung der Flüge-loberseite lässt ihn auch gut noch aus der Distanz erkennen und bestimmen.

Sitzt er jedoch einmal mit zusammengeklappten Flügeln da, wird er gern übersehen. Dann unterscheidet er sich kaum von einem Blatt, was ihn gut vor Fressfeinden schützt.

Der **Kleine Fuchs** (*Aglais urticae*) ist zumindest in Tauberfranken schon recht früh im Jahr zu sehen. Beobachtungen Ende März oder Anfang April sind keine Seltenheit, wenn das Frühjahr nicht zu kalt beginnt. Auch die Raupen dieses Falters ernähren sich von der Brennnessel. Der Schmetterling selbst aber ist an fast allem zu finden, was blüht. Der **Große Fuchs** (*Nymphalis polychloros*) ist bei genauem Hinsehen nicht sehr viel größer als sein kleiner Verwandter und nicht ganz so häufig anzutreffen wie dieser. Er kann eine Flügelspannweite von 50 bis 55 Millimetern erreichen, der Kleine

Mauerfuchs

Distelfalter

Admiral

Fuchs immerhin auch von 40 bis 50 Millimetern, sodass sie sich nicht leicht allein anhand der Größe unterscheiden lassen. Beim Kleinen Fuchs sind aber auch die Farben kräftiger, insbesondere am Rand der Flügel, und das schwarz-weiße Flächenmuster am Vorderrand der oberen Flügel ist deutlicher.

Ein weniger bekannter Edelfalter ist der **Mauerfuchs** (*Lasiommata megera*). Er ist auch nicht so auffällig wie die beiden genannten. Seine Grundfarbe ist braun. Auffällig sind die beiden Augenflecken auf den Vorderflügeln, die auch auf der Flügelunterseite zu sehen sind, und die etwas kleineren Flecken auf den hinteren Flügeln. Zu den farbenprächtigen Edelfaltern zählen noch der **Admiral** (*Vanessa atalanta*) und der **Distelfalter** (*Vanessa cardui*), die beide häufig und fast überall in Franken anzutreffen sind. Der Admiral liebt im Herbst überreifes Obst und fliegt einem dann selbst auf die Hand, wenn diese einen Apfel oder eine Birne hält. Der **C-Falter** (*Polygonia c-album*) lässt sich gut an seinen eigenartigen Flügelrändern, die symbolisch als C gedeutet werden können, erkennen. Das **Landkärtchen** (*Araschnia levana*) kommt in zwei Varianten vor. Die Frühlingsgeneration hat eine hellbraun-schwarze Musterung, die Sommergeneration eine dunkelbraune, mit weißen und hellbraunen Streifen durchsetzt.

Unter den Perlmuttfaltern ist der **Kaisermantel** (*Srgynnis paphia*) der größte und prächtigste. Der **Große Perlmutterfalter** (*Srgynnis aglaja*) ist etwas kleiner als der Kaisermantel und auf Grund der ähnlichen Zeichnung nicht leicht von diesem zu unterscheiden. Auch viele andere Perlmutterfalter finden sich in Franken häufig, etwa der Braunfleckige, der Mädesüß- oder der **Randring-Perlmutterfalter** (*Boloria eunomia*), der an seiner deutlichen Randzeichnung auf den Flügeln leicht zu identifizieren ist. Auch die den Perlmutterfaltern ähnlichen, im Allgemeinen kleineren Scheckenfalter findet man in vielen Varianten, etwa den **Westlichen Scheckenfalter** (*Melitaea parthenoides*).

Kleinere Tagfalter

Weißlinge sind in großer Zahl zu finden. Der **Zitronenfalter** (*Gonepterys rhamni*) fliegt oft schon im März durch die Gärten. Es heißt, dass er nicht mehr oft anzutreffen sei. In Franken, insbesondere in Tauberfranken, gehört er für mich aber zu den vertrauten Arten. Der **Kohlweißling** (*Pieris brassicae*) ist in Gärten nicht gern gesehen, doch richtet seine Raupe in unserem außer gelegentlich an der Kapuzinerkresse keine großen Schäden an, allerdings nur, weil wir keinen Kohl anbauen. Ein seltener anzutreffender, in Franken aber trotzdem häufig

Zitronenfalter

vorkommender Weißling ist der **Hufeisenklee-Gelbling** (*Colias alfacariensis*), der auch **Südlicher Heufalter** genannt wird. Er liebt trockene Rasen und Hänge und meidet feuchte Gebiete.

Viele Arten der Familie der Widderchen lassen sich den ganzen Sommer über beobachten, insbesondere in der Nähe von Holunderhecken. Etwa das **Beilfleck-Rotwidderchen** (*Zygaena loti*), das gut durch den beilförmigen roten Fleck an der Flügelspitze zu identifizieren ist.

Das **Große Ochsenauge** (*Maniola jurtina*) fliegt von Ende März bis Ende September. Allerdings kann es vorkommen,

Großes Ochsenauge

dass diese Spezies im heißen Sommer plötzlich für drei bis vier Wochen verschwindet. Dann legt sie eine sogenannte Diapause ein, bis sie erneut auftaucht. Es handelt sich aber immer nur um eine Generation. Ein anderer häufig anzutreffender Augenfalter ist das **Schachbrett** (*Melanargia galathea*). Interessant an ihm ist, dass die Weibchen ihre Eier im Flug abwerfen, meist über Wiesen- oder Grasflächen.

Besonders beeindruckend ist die Vielfalt der kleinen Bläulinge, die in der Region zu finden sind. Vom **Ameisenbläuling**, der in verschiedenen Arten vorkommt, die in Symbiose mit Ameisen leben – sie fressen deren Eier und Larven und überlassen den Ameisen dafür ein zuckerhaltiges Sekret – bis zum **Esparsettenbläuling** (*Plymommatus thersites*) sind zahlreiche Varianten vertreten. Nicht immer sind die Bläulinge an solch einer deutlichen Blaufärbung zu erkennen wie dieser. Bei manchen dominiert eher eine bräunliche Farbe, zumeist bei den Weibchen.

Eine Besonderheit stellt das **Taubenschwänzchen** (*Macroglossum stellatarum*) dar, ein Spinner, der dadurch auffällt, dass er sich zum Nektarsaugen nicht auf der Blüte absetzt, sondern vor ihr schwebt und seinen langen Rüssel in sie versenkt. Das schnelle Vibrieren seiner Flügel erweckt den Eindruck, als handele es sich um einen Kolibri, weshalb er von manchen auch »Kolibrischwärmer« genannt wird. Wenn er wegfliegt, rollt er seinen langen Rüssel ein.

Diese Übersicht über das Vorkommen von Schmetterlingen in Franken ist denkbar unvollständig. Wenn man sich einmal mit wachen Augen – und eventuell einer Kamera – aufgemacht hat, diese Tiere näher zu betrachten, wird man staunen über die Vielfalt, die anzutreffen ist. Man muss nicht in die Tropen fahren, um farbenprächtige Schmetterlinge zu finden. Es gibt auch große Exemplare wie die Ritterfalter, obwohl die extremen Größen, wie sie in tropischen Ländern zu finden sind, bei uns natürlich nicht vorkommen. Dafür finden sich aber unter den ganz kleinen zahlreiche farbige Varianten.

Schachbrett

Esparsettenbläuling

Das Taubenschwänzchen, gern auch Kolibrischwärmer genannt, muss sich zum Nektartrinken nicht auf der Blüte niederlassen.

Wo findet man Schmetterlinge in Franken?

Genau genommen überall. Selbst in den Städten kommen sie vor, wenn dort ausreichend Grünanlagen vorhanden sind. Will man aber den ganzen Artenreichtum erkunden, muss man hinaus in die Natur. Wald- und Wiesenränder sind gute Beobachtungsstrecken, Trockenhänge ziehen vor allem die

selteneren Arten an. Auch der Blick auf den Boden ist oft von Erfolg gekrönt, obwohl es dann schon etwas befremdet, wenn man sieht, wie sich ganze Gruppen von Schmetterlingen an Aas oder Kot gütlich tun. Gute Fotosituationen sind das dann jedenfalls nicht ... An einer schönen Blüte oder auf einem Blatt sieht ein Schmetterling dann doch gleich viel prächtiger aus.

Hopfen im Frankenland

Brauereien, Klöster und andere Wege zum Bier

Wenn ich aus dem Fenster blicke, schaue ich auf die Rebflächen des gegenüberliegenden Hanges. Fahre ich mit dem Fahrrad in den nächsten Ort, finde ich eine Brauerei. Das Nebeneinander von Wein und Bier in Franken funktioniert problemlos. Dabei wohne ich in Tauberfranken, das letztendlich doch vom Wein dominiert wird. Kommt man nach Oberfranken, sieht es da schon ganz anders aus. Bier gilt dort nicht als Getränk, sondern als Grundnahrungsmittel. Man sagt, dass Oberfranken die höchste Brauereidichte der Welt habe. Mehr als zweihundert Brauereien gibt es dort und die Zahl der Biersorten ist fast schon nicht mehr zu zählen.

Wer sich einen Überblick verschaffen möchte, besucht im Internet die Website »Bierregion Franken«. Dort findet man eine Brauereidatenbank mit Brauereien aus Unter-, Mittel- und Oberfranken. Es sind nicht alle Betriebe erfasst, diejenigen der Randlagen fehlen noch. Vielleicht hat sich das bereits geändert, wenn Sie nachsehen, denn diese Datenbank wird gepflegt und aktualisiert – seit 1998.

Brauereien in Tauberfranken

Distelhausen liegt direkt am Radweg »Romantische Straße«. Wer diesen verlässt und in den Ort fährt, kann die Brauerei fast nicht verfehlen. Seit 1876 ist sie in Privatbesitz und gehört mit über 140 Mitarbeitern inzwischen zu den mittelständischen Brauereibetrieben in Deutschland. Wie viele andere bietet auch die Distelhäuser Brauerei Führungen an. Sie finden fast täglich statt, man muss sich allerdings vorher anmelden.

Weitere Brauereien in Tauberfranken finden Sie in **Kreuzwertheim** (Spessart Brauerei) und in **Herbsthausen** (Herbsthäuser Brauerei). Die Herbsthäuser berufen sich auf eine jahr-

hundertealte Tradition. Bereits 1581 ist der Gasthof »Zur Schwane« erwähnt, der auch den ersten Namen gab: Schwanenbrauerei. Erst später im 20. Jahrhundert wurde daraus dann die Herbsthäuser Brauerei.

Die Spechtbrauerei liegt in Kreuzwertheim direkt am Main.

Nicht so lange wie in Herbsthausen, immerhin aber seit 1755, wird in **Reichelshofen** nahe Rothenburg ob der Tauber Bier gebraut. Dort hat die Brauerei Landwehr-Bräu ihren Sitz. Ähnlich wie in Distelhausen stehen deren Türen für Besucher offen. Man nennt das »Bierrührung«, denn die Führung ist auch mit einer Bierprobe verbunden, auf Wunsch mit Vesper.

Die Herbsthäuser Brauerei besitzt selbstverständlich auch eine Gaststätte im Ort.

Ein Kuriosum ist in Rothenburg selbst zu finden. Die kleinste Brauerei Tauberfrankens ist im Romantik Hotel Markusturm ansässig: Da braut der Wirt noch selbst und zwar in der Küche in einem 50 Liter fassenden Suppentopf. Wenn Sie also durch Tauberfranken reisen und vor lauter Weinbergen das Bier nicht finden – verzweifeln Sie nicht. Atmen Sie einmal tief durch und schauen sich dann um. So weit weg sind die Frankenbiere auch hier nicht.

Der Faust aus dem Odenwald

Der Familienname Faust gilt nicht nur für Alchemisten, sondern auch für Bierbrauer. Zum Beispiel in **Miltenberg** im Odenwald. Dort ist die Faust-Brauerei seit 350 Jahren ansässig und damit eine der ältesten in dieser Region überhaupt. Gegründet wurde sie allerdings im Jahr 1654 durch den belgischen Bierbrauer Kilian François Mathieu Servantain zunächst als Löwenbrauerei. Erst 1875 übernahm der Braumeister Johann Adalbert Faust die Brauereigesellschaft, kaufte nach und nach alle Gesellschaftsanteile auf und machte sie so zu einem Familienbetrieb. Die Brauerei sticht durch einige Bierraritäten hervor. So gibt es beispielsweise ein Auswandererbier, mit Aromen tropischer Früchte und hohem Alkoholgehalt, das Auswanderern die lange Überfahrt nach Amerika erleichtert haben soll. Ebenfalls werden Doppelbock, Hochzeitsbier, Lagerbier und manch anderes, was für Bierfreunde eine Probe lohnt, gebraut.

Für alle, die es gerne aktiv lieben, gibt es in der Faust-Brauerei nicht nur Erlebnisführungen, bei denen die Brauerei gezeigt und die Bierherstellung erläutert werden, sondern auch Bierbraukurse und Brauhaus-Singen.

Zur Brauerei gehört inzwischen das Gasthaus »Zum Riesen«, das als ältestes Deutschlands gilt. Es hat schon etwas, in diesen dusteren Räumen zu sitzen und aus den kleinen Fenstern zu schauen. Und man befindet sich auch in guter Tradition, denn nicht nur Kaiser Friedrich Barbarossa, Martin Luther und Albrecht Dürer waren hier – auch Elvis Presley hat dort 1959 gesessen und vermutlich ein Bier getrunken. Oder mehrere.

Bier aus dem Kloster

Oberfranken gilt, wie eingangs schon erwähnt, als eigentliche Bierregion in Franken. Die Brauereidichte ist hier am größten und ebenso die Vielfalt an Sorten.

Bier aus der Weißenoher Klosterbrauerei.

Gastronomiebetrieb der Klosterbrauerei Weißenohe.

Deshalb ist auch jeder Versuch, Vollständigkeit in einem Buchkapitel anzustreben, von vornherein zum Scheitern verurteilt. Ich versuche das erst gar nicht und hebe lieber einige Besonderheiten hervor.

Wussten Sie, dass in den Klöstern das Bier sogar als Fastenspeise angesehen wurde? Bierfasten als Urlaubsmotto – das könnte so manchen Fastenmuffel noch aus der Ecke hervorlocken. Die Klosterbrauerei auf dem Kreuzberg in der Rhön wurde im Kapitel über die Rhöner Moore schon erwähnt. Zwei weitere sind noch zu nennen.

Klosterbräu Schröder in **Bamberg** ist längst keine Klosterfabrikation mehr, gilt aber als älteste Braustätte Bambergs. Angefangen mit dem Brauen hatte man im 14. Jahrhundert, eine erste urkundliche Erwähnung stammt aus dem Jahr 1333. Die Einrichtung des »Fürstbischöflichen Braubierhauses« erfolgte genau zweihundert Jahre später. Es blieb bis 1790 in fürstbischöflichem Besitz und wurde dann privatisiert. 1851 erwarb der aus Kitzingen stammende Peter Braun die Brauerei und nannte sie zur Erinnerung an das Franziskanerkloster in der Nähe »Klosterbräu«. Diese Brauerei wird heute noch in fünfter Generation geführt.

Auch **Weißenohe** hat eine ähnliche Situation zu bieten. Dort finden Sie die Weißenoher Klosterbrauerei, die heute allerdings ebenfalls nicht mehr vom ursprünglichen Kloster betrieben wird. Das wurde nämlich während der Säkularisation im Jahr 1803 aufgelöst; die Gebäude vermietete man an Privatpersonen. Ursprünglich haben die Weißenoher Klosterbrüder des Benediktinerklosters jedoch nachweislich bereits ab Ende des 11. Jahrhunderts Bier gebraut.

Eine fränkische Besonderheit ist das »Rauchbier«. Dessen herb-würziger Geschmack kommt vom Rauch, mit dem das Malz behandelt wird, bevor es mit dem Hopfen vermischt wird. Der Legende nach wurde das Rauchbier erfunden, nachdem bei einem Brand in der Brauerei das Malz vom Rauch durchdrungen wurde. Vermutlich ist aber die Ursache darin zu suchen, dass die Sonnentrocknung in der Region nicht immer möglich war und man nach anderen Lösungen suchen musste. Früher gab es viele Rauchbiere, erhalten hat sich diese Tradition jedoch vor allem im Bamberger Raum. Bekannt für ihre Rauchbiere sind z. B. die Brauereien Spezial und Schlenkerla. Früher kauften sich die Bamberger beim nebenan ansässigen Metzger einen Leberkäs, gingen damit ins Schlenkerla, bekamen dort einen Teller und konnten den Leberkäs bei Rauchbier genießen.

Was es sonst noch gibt

In Sachen Bier eine ganze Menge. Wussten Sie, dass es, analog zu den Weinköniginnen, auch eine Bierkönigin gibt? Genau genommen ist das keine ausschließlich fränkische Angelegenheit, weil der Titel in ganzer Länge »Bayerische Bierkönigin« heißt. Seit 2009 wird sie jährlich vom Bayerischen Brauerbund gewählt, wobei es dann passieren kann, wie im Jahr 2014, dass eine Fränkin zur Bierkönigin gekürt wird. Seit 1952 wird auch eine Hallertau Hopfenkönigin ernannt, aber das führt schon zu sehr von Franken weg.

Biertrinker müssen nicht nur sitzen. Gerade in Franken gibt es zu diesem Thema eine ganze Reihe von Gelegenheiten, sich Bewegung zu verschaffen, beispielsweise auf dem **Fünf-Seidla-Steig**. Das ist ein Brauereiwanderweg in der Fränkischen Schweiz, der zu fünf Brauereien in den Gemeinden Gräfenberg und Weißenohe führt. Ja, die schon genannte Klosterbrauerei Weißenohe ist auch dabei. Dort können Sie beispielsweise starten, dem Weg nach Gräfenberg folgen, dort die beiden Brauereien ... ausprobieren, weiter nach **Hohenschwarz** zur Brauerei Hofmann gehen und von dort nach **Thuisbrunn**, um mit dem Elch-Bräu zu schließen. Der gesamte Weg hat eine Länge von ca. 10 Kilometern.

Statt zu Fuß bewegen Sie sich lieber mit dem Rad? Kein Problem, der **Bierradweg Rhön** bietet Ihnen das, was Sie sich wünschen: eine ansprechende Radtour auf einer Gesamtlänge von 140 Kilometern und den nötigen Ansporn in Form von zehn Brauereien und einer Mälzerei. Auf dem Rundweg liegen u. a. Bad Neustadt an der Saale, Ostheim vor der Rhön, Fladungen und Melrichstadt.

Zu Fuß oder mit dem Fahrrad, beides ist nichts für Sie? Dann brechen Sie zu einer Autorunde durch die Bierwelt der Fränkischen Schweiz auf. Sie beginnt in Tüchersfeld, man durchquert das Ailsbachtal und kann die Burg Rabenstein, die Ludwigs- und die Sophienhöhle besichtigen, kommt zur Hohenmirsberger Platte, von der aus man einen guten Rundblick über die Fränkische Schweiz hat, und landet schließlich in Pottenstein, wo es neben Burg und Höhle gleich drei Brauereien gibt.

Der Hopfengarten
neben dem Landwehr-Bräu
in Reichelshofen.

Wein in Franken

Wo die Reben sich an Tauber, Main und Saale zur Sonne neigen

Keinem anderen deutschen Dichter verdanken wir so viele Zitate zum Wein wie Johann Wolfgang von Goethe. Etwa dieses: »Ohne Wein und ohne Weiber, hol' der Teufel unsere Leiber.« Aber er schrieb auch an seine Frau Christine am 17. Juni 1806: »Sende mir noch einige Würzburger; denn kein andrer Wein will mir schmecken und ich bin verdrüßlich, wenn mir mein gewohnter Lieblingstrank abgeht.«[2]

Goethe war ein Weinliebhaber, der Qualität schätzte. Einige seiner Weinbestellungen sind uns erhalten geblieben und so wissen wir, dass es nicht allein der Würzburger Wein war, den er gerne trank, nein, auch den Wertheimer bestellte er gelegentlich.

Wir folgen deshalb dem großen deutschen Dichter nach Franken und schauen uns die Weinbaugebiete dort zumindest stichprobenhaft einmal näher an.

Tauberfränkisches Weingebiet

Fährt man von Wertheim aus an der Tauber entlang, so sieht man schon bald die ersten Südhänge mit Weinreben bei Reicholzheim. Manche rechnen diesen zum »badischen Wein«, aber dieser nördlichste Bereich von Baden wurde bis in die 1990er Jahre noch »badisches Frankenland« genannt. Der Tauberwein gilt deshalb heute als fränkischer Wein. Wein wächst nicht überall an der Tauber – hinter Reicholzheim muss man einige Zeit fahren, bis man wieder Weinhänge sieht. Vor

---

2   Goethes Briefwechsel mit seiner Frau, zitiert aus: Stefan Keppler, Johann Schrenk, Wolfgang Schirmer, Otto Wittmann: *Goethes Franken*, Gunzenhausen 2005, S. 107.

allem am Mittellauf des Flusses ist der Weinan-
bau häufig, zwischen Tauberbischofsheim und
Weikersheim, danach wieder zwischen Tauber-
Weinhang in Reicholz-
heim bei Wertheim.

rettersheim und Röttingen, aber auch in Rothenburg ob der
Tauber. Außer im Bereich um Reicholzheim, wo der Wein auf
Buntsandstein wächst, ist die Grundlage an den Hängen in
Tauberfranken Muschelkalk.

Gleich nach Reicholzheim kommt man zum Kloster Bronnbach. Weinlieber sollten dort einmal halten und in die Vino-

thek gehen, in der man Weine aus ganz Tauberfranken finden, probieren und kaufen kann.

Drei Weinbaugenossenschaften gibt es in der Region: in Reichholzheim (seit 1951), in Markelsheim bei Bad Mergentheim (seit 1898) und als älteste die Becksteiner (seit 1894). Alle drei setzen auf Qualität und ihre Weine sind inzwischen auch über die Region hinaus bekannt. Daneben gibt es noch mehr als zwanzig Winzer, die unabhängig von den Genossenschaften arbeiten und die Vermarktung ihrer Erzeugnisse selbst übernehmen. Der Vertrieb ab Weingut wird von den meisten ergänzt durch Bestellmöglichkeiten über das Internet. Einige fahren den Wein sogar direkt zum Kunden und zwar bundesweit.

Eine Wanderung oder ein Spaziergang durch die Weinhänge kann sehr lehrreich sein.

Eine Besonderheit der Region ist die Rotweinsorte »Tauberschwarz«. Man weiß nicht genau, wo sie herkommt. Erstmals erwähnt wurde sie um 1726. Anfang der 1950er Jahre gab es davon noch geringe Anbauflächen in Laudenbach und Weikersheim, doch dann wurden auch diese gerodet und bis 1959 galt die Sorte als ausgestorben. Schließlich fand man aber im Vorbachtal bei Laudenbach noch einige Rebstöcke. Im nächsten Jahrzehnt wurde an der Staatlichen Lehr- und Versuchsanstalt für Wein- und Obstbau Weinsberg versucht, diese alte Rebsorte erneut zum Leben zu erwecken. Dies gelang. Die Sorte ist seit 1996 für den Main-Tauber-Kreis und zwei Gemeinden des Hohenlohekreises wieder zugelassen. Der Wein aus dieser Traube erfreut sich wachsender Beliebtheit.

Wein kann man in der ganzen Region u. a. in den sogenannten Besenwirtschaften trinken. Das sind saisonal geöffnete, meist von Winzern selbst betriebene Gaststätten – als Zeichen der Öffnung gilt traditionell ein aufgestellter Besen. Diese Wirtschaften unterliegen genau festgelegten Bedingungen, gelten nicht als Gewerbebetrieb und sind deshalb erlaubnis- und abgabenfrei. Eine dieser Voraussetzungen ist, dass der Ausschankbetrieb nicht länger als vier Monate dauern darf.

Vom Sommer bis in den Herbst gibt es in den Städten entlang der Tauber auch Weinfeste, auf denen man sich durch die verschiedenen Lagen und Betriebe probieren kann. Um die Touristen aber nicht nur zum Trinken zu animieren, sondern

ihnen auch ein wenig Bewegung zu verschaffen, hat man diverse Weinlehrpfade angelegt (z. B. in Markelsheim und Röttingen). In letzterem Ort ist zudem ein Weinbaumuseum zu finden.

Weinflächen in Tauberfranken sind überschaubar und in der Regel in die umgebende Natur eingebettet.

Wein vom Main

Das zweitgrößte Weingut Deutschlands liegt in und um Würzburg, nämlich das Juliusspital. Es gilt außerdem als Spitzenweingut. Gault & Millau Deutschland hat es mit vier Trauben ausgezeichnet – fünf sind die Höchstnote. Das bekannteste Weingebiet des Juliusspitals ist der Würzburger Stein, nördlich der Stadt. Die Erträge des Weinguts kommen der Juliusspitalsstiftung zugute.

Julius Echter von Mespelbrunn (1545–1617) stiftete das Spital im 16. Jahrhundert aus seinem Privatvermögen. Die Stiftungsurkunde aus dem Jahr 1579 machte den Unterhalt der Anlage dadurch möglich, dass Grundbesitz übertragen wurde. Die Weingüter gehörten mit dazu. Bis heute sichern diese die Existenz und Arbeit der Stiftung, die ein Altenheim und Kliniken unterhält.

Die Stiftung verfügt aber nicht nur über Rebland in und um Würzburg, sondern auch in anderen Spitzenlagen Frankens. Am häufigsten wird die Rebsorte Silvaner angebaut, doch oft sind auch Riesling und Müller-Thurgau vertreten. Abgefüllt werden diese Weine im sogenannten Bocksbeutel, einer bauchigen Flasche. Der Legende nach soll diese Form der Weinflasche entstanden sein, als ein Mönch dem volltrunkenen Teufel dessen »Beutel« abgeschnitten habe. Wahrscheinlicher ist allerdings, dass die Form der alter Feldflaschen nachempfunden wurde. Obwohl der Europäische Gerichtshof 1983 im sogenannten Bocksbeutelstreit entschied, dass diese Flaschenform keinen Markenschutz genießt, werden heute nur fränkische und Weine aus dem badischen Frankenland in Bocksbeutelflaschen abgefüllt.

Nicht nur in Würzburg wird am Main Wein angebaut und erzeugt. Randersacker, Sommerhausen, Frickenhausen, Dettelbach-Volkach, Hammelburg und Stetten sind einige weitere Orte, die für ihren Frankenwein bekannt sind. Vom Untermain, am westlichen Rand des Mainvierecks zwischen Gemünden, Wertheim, Miltenberg und Aschaffenburg, sind vor allem die Rotweine beliebt. Das Anbaugebiet dort liegt zwischen Großwallstadt und Bürgstedt. Wein wird im Westen dieser Region angebaut.

Die Weinstube der
Juliusspital-Stiftung
in Würzburg.

*Die Weinlage »Würzburger Stein«
nördlich von Würzburg.*

Wo sonst in Franken noch Wein wächst

Beispielsweise im Steigerwald, der zwischen Bamberg, Schweinfurt, Würzburg und Nürnberg liegt und sich über sechs Land-
kreise erstreckt. Der Steigerwald ist ein ideales Ziel, wenn
man vorhat, tagsüber Wander- oder Radtouren zu unterneh-
men und abends bei einem Glas Wein zu entspannen. Weingüter gibt es von A bis W, von Abtswind über Castell, Oberschwarzach bis Wiesentheid. Auch die Weine dieser Region
dürfen in die fränkischen Bocksbeutel abgefüllt werden. Weiß-
wein-Rebsorten sind darunter Silvaner, Müller-Thurgau, Bac-
chus, Scheurebe und Kerner; Rotwein-Rebsorten Spätbur-
gunder, Portugieser, Domina und Dornfelder.

Die Wanderwege dieser Region sind vielfältig. Für Weinliebhaber bietet sich »Der Weinsteiger« an, der am Westhang
des Steigerwaldes durch abwechslungsreiche Weinkulturen
führt. Sie erkunden dabei die Weinlage Donnersdorfer »Falkenberg«, die Weinlehrpfade in Oberschwarzach und Hand-
thal sowie manch anderes Sehenswerte zum Thema Wein.

*Weinberg »Falkenberg«
in Donnersdorf.*

Auch in den Tälern von Wern und Fränkischer Saale findet Weinbau statt, im Aischgrund und selbst im Regierungsbezirk Oberfranken, in und um Bamberg sowie in Gräfenberg. Falls nun jetzt jemand zusammenzuckt und sich fragt, ob es Weinbau neben Bierbraukunst geben darf, sei daran erinnert, dass dies schon in Tauberfranken prima zusammen funktioniert (siehe das Kapitel zum Bier, S. 230 ff.) – und so auch in den fränkischen Haßbergen, im Landkreis Bamberg. In Abwandlung eines alten Spruches kann man also sagen: »Wein und Bier, das gibt es hier.«

Fränkische Sagen um den Wein

Um etwas, das so beliebt ist wie der Wein, ranken sich selbstredend Sagen und Geschichten. Gefördert wird dies schon deshalb, weil die Wahrnehmung nachts, auf dem Heimweg von der Weinschenke, naturgemäß ein wenig anders ist als nüchtern bei hellem Tageslicht. So will man nachts in Aschaffenburg im Schönborner Hof einen gespenstischen Küfer hören, der dort sein Geschäft treiben muss, weil er schon zu Lebzeiten die heilige Christmette für seine Arbeit vernachlässigt hat.

Vom Frankenwein heißt es auch: »Frankenwein, Krankenwein«, womit gemeint ist, dass der Wein aus Franken den Kranken gut tut.

Eine Sage aus Nürnberg berichtet gar von einem Dudelsackpfeifer, dem selbst die Pest nichts anhaben konnte.

Er war bekannt dafür, dass er in den Wirtshäusern, wo er seinen Dudelsack blies, von dem lebte, was ihm die Zecher zuwarfen. Er war aber nicht nur ein guter Pfeifer, sondern auch ein guter Zecher, und so kam es, dass er sich eines Tages auf dem Heimweg zum Schlafen einfach auf die Straße hinlegte, als er müde wurde. Der Lenker des vorbeifahrenden Pestwagens dachte aber, dass er ein Pesttoter sei, und so wurde er zu den anderen Leichen geworfen. Als der Pfeifer erwachte, lagen so viele Kadaver über ihm, dass er sich nicht von selbst befreien konnte. Das Mundstück seines Dudelsacks konnte er aber erreichen und so spielte er ein lustiges Lied nach dem anderen. Der Kutscher dachte, nun bliesen schon die Toten Dudelsack, und da es ihn gruselte, beeilte er sich, zum Massengrab vor der Stadt zu kommen, um seine Fuhre loszuwerden. Er wunderte sich nicht schlecht, als einer der Toten dann vom Wagen sprang. Es wird nicht lange dauern, dann ist er doch wieder hier, dachte der Fuhrmann, und der Pfeifer dachte dasselbe. Deshalb ging er gleich wieder ins Wirtshaus, um wenigstens für die letzten Tage noch etwas Freude zu haben. Doch es passierte nichts. Der Dudelsackpfeifer war einer der wenigen, die die Pestzeit überstanden.

Die Figur auf dem Dudelsackpfeifer-brunnen in Nürnberg.

Weinhänge sind durch Steinmauern geschützt, an diesen wachsen bemerkenswerte Pflanzen und Blumen. Diese Aufnahme wurde an Weinlagen in Königshofen gemacht.

Mit dem Fahrrad durch das liebliche Taubertal

Radwege in Franken

Die Romantische Straße führt über eine Strecke von etwas mehr als 400 Kilometern von Würzburg bis Füssen ins Allgäu. Diese Autostraße ist eine der ältesten und bekanntesten Ferienrouten Deutschlands. Über die gleiche Strecke führt aber auch ein Radweg. Unterwegs entlang von Main, Tauber, Wörnitz und Lech lässt sich ein traumhafter Fahrradurlaub verbringen. Nun ist eine Strecke von 418 Kilometern nicht an einem Wochenende zu bewältigen, und selbst wenn man pro Tag nur 80 Kilometer ansetzte und den Weg somit in fünf Tagen absolvierte, säße man doch die meiste Zeit auf dem Rad und verpasste vieles. Besser ist es da schon, sich noch etwas mehr Zeit zu nehmen und das Pensum auf sieben Tage zu verteilen. Da bleibt dann genügend Zeit, das »Romantische« an der Strecke wahrzunehmen.

Eine andere Lösung wäre, in Franken zu bleiben. Die Strecke bis Rothenburg ob der Tauber ist bei Radfahrern im Sommer sehr beliebt, zumal man gut kleinere Etappen machen kann. Insbesondere die Tour von Wertheim nach Rothenburg oder umgekehrt ist ein Klassiker. Sie hat eine Länge von gut 100 Kilometern. Ich beschreibe im Folgenden die Route von Rothenburg bis Wertheim.

Der Radweg Liebliches Taubertal

Der Start in Rothenburg ob der Tauber sollte zunächst einmal ein Verweilen sein. Sich einen Tag oder mehr hier zu gönnen, ist nicht die schlechteste Idee, allerdings auch ein Grund, die andere Richtung zu wählen, nämlich von Wertheim kommend. Die Strecke bis Weikersheim schafft man an einem Vormittag. Wenn man unterwegs eine Pause macht, um sich

etwa in Creglingen den Marienaltar von Tilman Riemenschneider in der Herrgottskir-
che anzusehen, den Lindleinturm, das Jüdische Museum oder alles zusammen, ist man
am Nachmittag oder Abend ohne Anstren-
gung dort. Allerdings wäre es dann zu überle-
gen, gleich in Röttingen zu bleiben, vielleicht

Wertheim liegt am Zusammenfluss von Main und Tauber. Am gegenüberliegenden Ufer ist Kreuzwertheim zu sehen.

am Abend eines der Festspiele in der Burg zu besuchen und
erst am nächsten Tag Weikersheim mit dem Schloss und dem
Schlossgarten mitzunehmen, von dort aber dann bis Bad
Mergentheim weiterzufahren. Auch für diese Kurstadt lohnt

Das pittoreske Tauberbischofs-heim mit dem Türmersturm und dem Kurmainzischen Schloss ist eine Station auf dem Weg durch das liebliche Taubertal.

es sich, etwas Zeit einzuplanen. Hat man die Übernachtungs-variante Weikersheim gewählt, fährt man am nächsten Tag über Bad Mergentheim und Lauda bis Tauberbischofsheim. Diese Stadt hat insgesamt – alle Stadtteile eingeschlossen – sechs Museen zu bieten, die auch noch ins Programm eingebaut werden können: das Tauberfränkische Landschaftsmuseum im Kurmainzischen Schloss, das Schulmöbel-Museum, das Apothekenmuseum in der ehemaligen Apotheke am Sonnen-platz, das Bauernhofmuseum in Distelhausen sowie die Dorf-museen in Dittwar und Impfingen.

Nach einer Übernachtung in Bad Mergentheim kann man durchfahren bis Wertheim am Main, der Endstation dieser Radtour. In drei Tagen bewältigt man bequem diese Strecke und nimmt zusätzlich noch einiges an Besichtigungen mit. Gibt man einen Tag für Rothenburg und einen für Wertheim

dazu, hat man eine eindrucksvolle Woche im lieblichen Taubertal verbracht.

Wer mag und über die entsprechende Zeit verfügt, kann
von Wertheim weiterfahren, den Main entlang bis Würzburg
– immerhin 100 Kilometer – oder, falls die andere Richtung
gewählt wurde, von Rothenburg über Schillingsfürst nach
Furtwangen oder Dinkelsbühl. Auch Abstecher sind möglich,
etwa von Bad Mergentheim nach Boxberg und von dort über
Schweigern zurück auf die Route nach Lauda. Oder von dort
aus beispielsweise nach Grünsfeld und zurück auf die Route
nach Tauberbischofsheim.

Wer viel Zeit hat, kann von Rothenburg ob der Tauber aus
den sogenannten Rad-Schmetterling fahren, der die ganze
Region zwischen Colmberg, Feuchtwangen, Schrotzberg und
Rothenburg umfasst. Auch der Aischtalradweg, der über rund

120 Kilometer von Rothenburg ob der Tauber über Bad Winds-
heim und Neustadt bis Bamberg verläuft, ist eine Radtour wert.

Der Mainradweg

Franken ist Radfahrland und die Route Liebliches Taubertal
nicht die einzig lohnende. Der Abschnitt auf der Strecke zwischen Wertheim und Würzburg wurde bereits erwähnt. Sie ist,
trotz der Länge, gut in einem Tag zu bewältigen, da wenige
Steigungen anstehen. Tatsächlich verläuft der
Blick auf den Main von Main-Radweg von Bayreuth bis Mainz über
der Freudenburg aus. eine Länge von etwas mehr als 500 Kilometern.

Die empfohlene erste Etappe führt von Bayreuth bis Bamberg über 106 Kilometer. Da auch 160 Höhenmeter zu überwinden sind, machen weniger geübte Radfahrer besser zwei Etappen daraus, mit einem Stopp etwa in Kulmbach oder in der Korbmacherstadt Lichtenfels. Die offizielle zweite Etappe führt über 148 Kilometer, dabei müssen 180 Höhenmeter bewältigt werden. Eine Unterbrechung ist in Schweinfurt anzuraten oder in Volkach. Unterwegs kann Schloss Werneck besichtigt werden. Kitzingen, Marktbreit und Ochsenfurt liegen auf der weiteren Strecke und sind ebenfalls einen Halt wert.

Von Wertheim nach Aschaffenburg sind es rund 68 Kilometer. Das sollte an einem Tag zu schaffen sein. Allerdings liegen Freudenberg und Miltenberg am Weg – die Freudenburg lohnt einen Aufstieg und die Altstadt von Miltenberg einen Besuch. Hier fällt ein großes Haus unweigerlich auf: Das Gasthaus »Zum Riesen« gilt als die älteste Fürstenherberge Deutschlands. Urkundlich erwähnt wurde sie erstmalig im Jahr 1411. Von diesem ursprünglich gotischen Bau sind heute noch Teile in dem schließlich 1590 erstellten »Riesen«-Gebäude erhalten. Berühmte Gäste waren u. a. Kaiser Barbarossa, Kaiser Friedrich III., König Ludwig der Baier, Kaiserin Maria Theresia, Wallenstein, Richard Strauss, Theodor Heuss, Heinz Rühmann und Elvis Presley.

Die letzte Etappe, während der Sie Franken verlassen, führt über Frankfurt nach Mainz, wo der Main in den Rhein mündet. Diese Etappe ist ca. 109 Kilometer lang. Rastpunkte könnten Seligenstadt mit der Einhardsbasilika und einer sehenswerten Altstadt sein, aber auch Hanau, der Geburtsort der Brüder Grimm, Offenbach mit dem Isenburgischen Schloss oder Frankfurt, das nicht nur Hochhäuser, sondern auch sehenswerte Häuserzeilen aus altem Bestand zu bieten hat. Vielleicht halten Sie sich ja auch erst einmal länger im Weinort Flörsheim auf, kurz bevor Sie das Ziel Mainz erreichen.

Weitere Radwege in Franken

Eine Möglichkeit für interessante Radtouren wurde schon im Kapitel über die Altmühl-Seen beschrieben (siehe S. 176 ff.).

Ein relativ kurzer Radweg ist der **Burgenradweg Fränkische Saale**, der über ca. 50 Kilometer von Bad Kissingen nach Diebach verläuft und an fünf verschiedenen Burgen vorbeiführt: der Burgruine Botenlauben, der Eringsburg, der Trimburg, an Schloss Saaleck und an der Hammelburg, dazu noch an der Wehrkirche in Diebach.

In Bamberg beginnt und endet die rund 200 Kilometer lange **Fürstbischöfliche Tour**. Wer diese angeht, sollte aber gut trainiert sein oder ein E-Bike besitzen, denn sie enthält einige anspruchsvolle Steigungen. Dabei werden der Steigerwald und die Fränkische Schweiz durchfahren. Es geht über Ebermannstadt nach Forchheim und über Schlüsselfeld zurück nach Bamberg.

Der **Karpfen-Radweg** führt von Dinkelsbühl über den Steigerwald bis Erlangen. Die Gesamtlänge beträgt 210 Kilometer und ist weitgehend anspruchslos. Das Gesicht der Landschaft wird durch sich in der Sonne spiegelnde Teiche und sogar Teichketten geprägt. Von Dinkelsbühl führt der Weg über Feuchtwangen, Bechhofen, Windsbach, Dietenhofen und Höchstadt a. d. Aisch nach Erlangen.

Die **Main-Coburg-Tour** ist eine 220 Kilometer lange Radtour für Liebhaber von Klöstern, Schlössern und alten Fachwerkstädten. Sie beginnt und endet in Bamberg und führt in fünf Etappen durch das obere Maintal, das Coburger Land, den Franken- und den Steigerwald. Von Bamberg aus geht es über Bad Staffelstein, Lichtenfels, Kronach, Neustadt, Bad Rodach, Coburg und Seßlach, bis man wieder den Ausgangspunkt Bamberg erreicht.

Erradelnswert ist auch der **Regnitz-Radweg** zwischen Nürnberg und Bamberg, der genau genommen aus zwei Routen besteht. Direkt durch das Regnitztal führt die eine Strecke über ca. 85 Kilometer, die zweite, direkt am Main-Donau-Kanal entlang, ist etwa 10 Kilometer kürzer. Miteinander verbunden ergeben sie so eine schöne Rundtour, die gut an einem Wochenende zu bewältigen ist: von Nürnberg nach Bamberg, um dort zu übernachten, und am nächsten Tag zurück. Oder umgekehrt.

Über 256 Kilometer führt der Fernradweg **Vom Main zur Rhön**. Die einzelnen Etappen sind relativ kurz. Es lassen sich natürlich auch zwei Abschnitte an einem Tag bewältigen oder sogar drei, wenn man die Beanspruchung nicht scheut. Die

erste Etappe geht von Gemünden am Main bis zur Hammelburg (30 Kilometer). Von dort weiter nach Bad Kissingen (23 Kilometer), über Bad Bocklet nach Bad Neustadt (32 Kilometer), nach Bad Königshofen (27 Kilometer) und weiter dann nach Mellrichstadt (32 Kilometer). Über Ostheim erreicht man schnell Fladungen (19 Kilometer) und über Oberelsbach Bischofsheim (29 Kilometer). Bad Brückenau ist 25 Kilometer entfernt und von dort über Burgsinn zurück nach Gemünden sind es nur 46 Kilometer.

Die Burgruine Neideck über dem Wiesenttal ist ein Wahrzeichen der Fränkischen Schweiz.

Eine sinnvolle Etappe für einen längeren Stopp könnte **Bad Kissingen** sein, das eben erwähnt wurde. Dieser Kurort an der Fränkischen Saale lohnt nicht nur den Besuch, um eventuelle Zipperlein auszukurieren, sondern auch in völlig

Die russisch-orthodoxe Kirche in Bad Kissingen.

gesundem Zustand (oder was man dafür hält). Besichtigenswert ist das Bismarck-Museum in der Oberen Saline, das Jüdische Gemeindehaus mit der Dauerausstellung »Jüdisches Leben«, die russisch-orthodoxe Kirche und die Ruine Botenlauben im Stadtteil Reiterswiesen. Um die Spielbank Bad Kissingen machen Sie aber besser einen Bogen, wenn Sie ihre Reisekasse nicht in Gefahr bringen möchten.

Der erste nachweisbare Kurgast des Ortes war der Domherr des Würzburger Domstifts Dietrich von Thüngen im Jahr 1520. Seither zählen zu den Kurgästen u. a. August von Sachsen (1526–1586), Valentin Ratgeber (1682–1750), Ludwig I. von

Bayern (1786–1868), Friedrich Wilhelm IV.
von Preußen (1795–1861), Alexander Iwa-
nowitsch Turgenjew (1784–1845), Pauline

Kurcafé im nördlichen
Arkadenbau in Bad Kissingen.

von Württemberg (1800–1873), Hermann Fürst von Pückler-
Muskau (1785–1871), Oskar I. von Schweden (1799–1859), Gioa-
chino Rossini (1792–1868), Leo Graf Tolstoi (1828–1910), Elisabeth von Österreich-Ungarn (1837–1898), Gustav Langen-
scheidt (1832–1895), Heinrich Schliemann (1822–1890), Otto
von Bismarck (1815–1898), Alfred Nobel (1833–1896), Max Lie-
bermann (1847–1935), Vladimir Nabokov (1899–1977), George
Bernard Shaw (1856–1950), Richard Strauss (1864–1949), Theodor Heuss (1884–1963) oder auch Heinrich Lübke (1894–1972).

Franken bei Nacht

Wenn in den Städten die Lichter angehen

In der Nacht sind alle Katzen grau. Sagt man. Das mag für Katzen stimmen, nicht aber für fränkische Städte oder Städte überhaupt. Machen Sie einen Versuch. Durchstreifen Sie die Ortschaften dieser Region am Abend und in der Nacht, so lange Sie noch nicht müde sind, und achten Sie auf Farben, Gerüche und Geräusche. Nehmen Sie Ihren Fotoapparat mit und machen Sie Aufnahmen. Sie werden staunen, was Sie »im Dunkeln« noch wahrnehmen können. Genau genommen sind die Städte ja nicht dunkel, es gibt Beleuchtung unterschiedlichster Art.

Selbst einfache digitale Kompaktkameras haben heute einen Modus, mit dem es sich nachts noch fotografieren lässt. Wenn möglich, schalten Sie den Blitz aus, er schadet in den meisten Fällen mehr, als dass er nützt. Wenn Sie mit der System- oder Spiegelreflexkamera fotografieren, lassen Sie Ihre Zoom-Objektive zu Hause. Nehmen Sie lieber eine lichtstarke Festbrennweite mit.

In der Regel benötigt man längere Belichtungszeiten. Aus der Hand fotografiert verwackeln solche Aufnahmen schnell: Wenn man kein Stativ mit sich herumschleppen möchte, kann man die Kamera auch abstützen, auf einer Mauer, einer Fensterkante oder einem Tisch vor der Gastwirtschaft.

Manches, was altbekannt ist, erscheint dann plötzlich in einem neuen »Licht«, selbst in der näheren Umgebung und auch dann, wenn man schon zigmal am Abend daran vorbeigegangen ist. Erst wenn man beginnt genau hinzuschauen – für ein Foto oder auch ohne Kamera –, zeigen sich Besonderheiten, die sonst nicht wahrgenommen werden. Nachtschwärmereien mit dem Blick für die Besonderheiten machen wach. Eine möglicherweise beginnende Müdigkeit ist plötzlich wie weggewischt.

Während der blauen Stunde durch Rothenburg ob der Tauber zu flanieren ist ein eindrucksvolles Erlebnis.

Lichterspiele

Man kann es auch suchen, das Licht in der Nacht. Selbst Parks sind heute beleuchtet. Oft aus Sicherheitsüberlegungen, manchmal aber auch zur beabsichtigten Illumination. Nachts durch

Das Bamberger Rathaus und die Regnitz bei Nacht.

einen Park zu gehen ist eindrucksvoll. Sie müssen es ja nicht allein tun, wenn Sie trotz allem Sorge haben.

Im Bad Mergentheimer Kurpark finden gelegentlich Installationen von Lichterspielen statt. Lichtobjekte, verbunden mit Klangimpressionen, ermöglichen ein Nacht-Wandeln, an das man noch lange zurückdenkt. Altbekannte Bäume, Sträucher und Gebäude bekommen bei diesen wechselnden Lichterspielen ein ganz neues Aussehen.

Nicht nur im Sommer gibt es derartige Lichterfeste. In Oberailsfeld im Ahorntal in der Fränkischen Schweiz findet jedes Jahr am 20. Dezember das Lichterfest mit ewiger Anbetung statt. In Gößweinstein geht man am 26. Dezember zur Lichterprozession und in Pottenstein wird das Lichterfest traditionell am Dreikönigstag, also am 6. Januar, abgehalten.

*Lichterinstallation im
Bad Mergentheimer Kurpark.*

Die blaue Stunde

Besonders interessant für Spaziergänge und eindrucksvolle Fotos ist die sogenannte blaue Stunde. Während der Zeit der Dämmerung, direkt nach dem Sonnenuntergang, weist der Himmel eine charakteristische Färbung auf, die dieser Stunde den Namen gab. Der Himmel ist tiefblau. Zu diesem Zeitpunkt – was übrigens auch für morgens kurz vor dem Sonnenaufgang gilt – kann man nicht nur in den Städten, sondern auch außerhalb eindrucksvolle Fotos machen. In den Städten mischt sich dann schon das Licht der Dämmerung mit der Beleuchtung in den Straßen und Häusern.

Genau genommen dauert die blaue Stunde keine ganze Stunde, sondern längstens 50 Minuten zur Zeit der Sommersonnenwende und lediglich eine halbe Stunde um die Tag-und-Nacht-Gleiche im Frühjahr und Herbst. Zumindest bei uns in Mitteleuropa und damit in Franken.

Nachtwächterführungen

Ist die blaue Stunde vergangen, so ist es längst noch nicht Zeit, in die Häuser zurückzukehren. Alte Städte wie Dinkelsbühl oder Rothenburg ob der Tauber werden zu reinen Märchenlandschaften, in denen man sich nur deshalb nicht verliert, weil das Treiben auf den Straßen und Gassen etwas ganz Neuzeitliches hat. Aber dieser Kontrast stört nicht, denn sie zeigen, wie lebendig heute noch alles ist, selbst vor alter Kulisse.

In vielen Städten haben sich Nachtwächterführungen etabliert. Es lohnt sich, so etwas mitzumachen, denn sie sind manchmal lehrreich, oft erheiternd und immer mit einem erweiterten Bild verbunden, das Sie von der Stadt mitnehmen können. In Wertheim erfährt man bei der Nachtwächterführung z. B. die tragische Geschichte von einem Metzger, der Opfer einer der ersten Hexenverbrennungen im Ort wurde.

Neben Wertheim gibt es Führungen nach Einbruch der Dunkelheit in Würzburg, Kulmbach, Erlangen, Bayreuth, Ochsenfurt und Rothenburg ob der Tauber, möglicherweise auch noch in weiteren Städten.

> *Hans Stark war nicht einfach nur Metzger, sondern auch Hoflieferant und Geldverleiher. Er lebte in Wertheim in der Gerbergasse 6, in einem Haus, das bereits der Vater erbaut hatte. Aber sein Ruf war nicht ganz tadellos. Bereits 1626 wurde er beschuldigt, Fleisch kranker Schafe verkauft zu haben. Auch dass die Pest in seinem Hause gewesen sei, erzählte man. Eine gegen ihn gerichtete Schmähschrift setzte die Hexenverfolgung gegen ihn in Gang. 1629 wurde er zusammen mit seiner Mutter hingerichtet.*
>
> *Nach Robert Meier:* 1628 Wertheim – Eine Stadt in Krieg und Hexenverfolgung, *Dettelbach 2015, S. 11.*

Der Nachtwächter in Rothenburg erzählt humorvoll, aber auch kompetent, vom Leben der Bevölkerung im Mittelalter. Wo immer Sie sich in Franken befinden, fragen Sie nach einer solchen Führung und nehmen Sie daran teil, wenn es sie gibt. Sie werden es nicht bereuen.

Ausgewählte Webadressen zu hier genannten Themen und Orten

Die Teufelshöhle mit dem Bären
www.frankenweg.de/wanderbares-deutschland/
www.showcaves.com/german/de/Maps/index.html
www.teufelshoehle.de/kultur_in_der_teufelshoehle/programm
www.teufelshoehle.de/theraphiestation/allgemeine_information

Rhöner Moore und ihre Besonderheiten
thueringerrhoen.de/hochrhoen-radweg

Wo Wolfram seinen *Parzival* schrieb
www.deutschordensmuseum.de

Weiße Lerchen im Taubergrund
www.kreuzbergbier.de
www.benediktushof-holzkirchen.de

Steinerne Zeugen
www.badbocklet.de/urlaub-freizeit/freizeitgestaltung/bildstockwanderweg
www.bildstockzentrum.de/informationszentrum/
www.eisenheim.de/bildstockwanderweg

Nach Forchheim in die Kaiserpfalz
www.geldersheim.de/uploads/flyer_museum.pdf

Balthasar Neumann, Baumeister der Fürstbischöfe
www.kaeppele-wuerzburg.de

Mit dem Schiff zum Schlosspark
www.veitshoechheim.de/index.php/der-ort-veitshoechheim/weinbau

Märchenhafte Orte
www.frankenjura.com/wandern/poi/13576
www.meiningermuseen.de/pages/literatur/personen/ludwig-bechstein.php
www.mitgehen-miterleben.de
www.storystage.de/cms/website.php?id=/de/index/ueber_uns.htm
www.thueringen.info/sandstein-maerchenhoehle.html
http://waldhaus-mespelbrunn.de/spessartraeuberwochenende.html

Die Pulvermühle in Waischenfeld
www.bayreuth-wilhelmine.de/deutsch/eremitag/index.htm
www.etahg.de/de/etahaus
www.hans-sachs-rothenburg.de
www.pulvermuehle.de/über-uns/
http://wunsiedel.de/tourismus/

Wo in der Burg der Götz zum Lecken auffordert
www.africafestival.org
www.ansbach.de/cda/showpage.php?SiteID=42&language=de
www.bayreuther-festspiele.de

burgfestspiele-jagsthausen.de
www.burgschauspielverein-freudenberg.de
http://clingenburg-festspiele.de
www.florian-geyer-spiele.de
www.frankenfestspiele.de
www.jmd.info/oper/oper-aktuell/50-jahre-oper-im-schlosshof/
http://luisenburg-aktuell.de/programm.html
www.meistertrunk.de

Fingerhüte vom Silberschmied
www.conditorei-museum.de
www.creglingen.de/index.php?id=382
http://deutsches-automuseum.de/
www.deutsches-fahrradmuseum.de
http://deutsches-fastnachtmuseum.byseum.de/de/home
www.fingerhutmuseum.de
www.gemeinde-michelau.de
www.glasmuseum-wertheim.de
www.kameramuseum.de
www.karpfenmuseum.de
http://museen-fraenkische-schweiz.de
http://tourismus.nuernberg.de/sehen-erkunden/museen/weitere-museen/d/
turm-der-sinne-nuernberg.html

Hopfen im Frankenland
www.bierregion-franken.de
www.brauerei-spezial.de/brauerei.html
www.distelhaeuser.de
www.franken-bierland.de/wege/autorunde_fraenkische_schweiz-977/
www.faust.de/index.php/erlebnis/erlebnisfuehrungen/kurzentschlossene
www.herbsthaeuser.de/die-brauerei/ueber-uns/chronik
www.klosterbraeu.de
www.klosterbrauerei-weissenohe.de/historische-brauerei/geschichte/die-brau-
erei.html
www.landwehr-braeu.de/brauerei/index.php/bieruehrung.html
www.schlenkerla.de/rauchbier/beschreibung.html
www.spessart-specht.de/n_startfo.php
www.tourismus.rothenburg.de/kunst_kultur/biertradition/
www.vgn.de/wandern/fuenf_seidla_steig.pdf
www.wir-sind-rhoener-bier.de/rhoener-bier/bierradweg/index.html

Mit dem Fahrrad durch das liebliche Taubertal
www.burgenverbund.de/burgen-radweg
www.karpfenradwege-franken.de
www.oberfranken.de/Fuerstbischoefliche-Tour.htm
www.oberfranken.de/Main-Coburg-Tour.htm
www.regnitzradweg.de
www.riesen-miltenberg.de
www.tourismus.rothenburg.de/aktiv/radfahren/radschmetterling/
www.vom-main-zur-rhoen.de/radwege-rhoen/radfahren-touren.html

Ortsregister

Blick auf St. Michel in Bamberg vom Rosengarten der neuen Residenz aus.